INTRODUCTION TO
CULTURAL
RESOURCES

文化资源导论

杨 红 / 主编

上海社会科学院出版社
SHANGHAI ACADEMY OF SOCIAL SCIENCES PRESS

目 录

前 言 ……………………………………………………… 1

第一章 | 文化资源入门

第一节　传统文化资源与现代文化资源 ……………… 3
第二节　无形文化资源与有形文化资源 ……………… 14
第三节　资源观与文化资源 …………………………… 20
第四节　文化资源和文化产业、经济社会发展的关系 …… 22
第五节　文化资源学习指南 …………………………… 23

第二章 | 文化资源的类型

第一节　从精神产品角度分类 ………………………… 29
第二节　文化资源的类型划分 ………………………… 39

第三章 | 文化资源的价值

第一节　文化资源的属性 ……………………………… 45
第二节　文化资源的形成机制 ………………………… 55

第三节　文化资源价值形成的过程 …………… 66

第四节　文化资源价值评估 …………………… 70

第四章 ｜ 可移动文物和博物馆

第一节　可移动文物和文物收藏 ……………… 81

第二节　博物馆 ………………………………… 91

第五章 ｜ 不可移动文物与遗产旅游

第一节　不可移动文物 ………………………… 101

第二节　文化遗产与旅游 ……………………… 108

第六章 ｜ 历史城市、历史街区与传统村落

第一节　历史城市 ……………………………… 118

第二节　历史街区 ……………………………… 128

第三节　传统村落 ……………………………… 135

第七章 ｜ 非物质文化遗产

第一节　非遗的相关概念 ……………………… 147

第二节　非遗的不同门类 ……………………… 152

第三节　非遗的保护措施 ……………………… 160

第四节　非遗的转化利用 ……………………… 165

第八章 ｜ 世界遗产及文献遗产

第一节　世界遗产 ……………………………… 175

第二节　文献遗产 ……………………………………… 184

第九章　工业遗产与数字遗产

　　第一节　工业遗产 ………………………………………… 193
　　第二节　数字遗产 ………………………………………… 196

第十章　文化版权资源

　　第一节　现代文化资源 …………………………………… 201
　　第二节　文化版权 ………………………………………… 204
　　第三节　文化版权资源分类 ……………………………… 207
　　第四节　文化版权资源保护和经营 ……………………… 208
　　第五节　品牌授权 ………………………………………… 211

第十一章　总结与思考

　　第一节　文化资源的学习意义 …………………………… 219
　　第二节　传统文化资源的价值 …………………………… 220
　　第三节　从文化资源到文化产业 ………………………… 220
　　第四节　文化资源创新利用的无穷可能性 ……………… 221

拓展阅读 ……………………………………………………… 227

后记 …………………………………………………………… 229

前　言

《文化资源导论》定位于文化产业与文化事业管理人才的"开学第一课",旨在厚植中华文化基因、提升国家文化软实力,将文化作为资源的价值认识论与实践能动性相结合,学科、专业认知与读者自身价值观念相结合,帮助读者构建文化艺术生产要素的知识体系,并形成思维开放辩证、注重转化应用的交叉学科素养。

知识目标:全面认知各门类文化资源及保护、利用与开发的方法论体系,夯实中华传统文化作为当代文化创新与内容生产核心要素的学理基础。

能力目标:以具备文化资源保护利用专业素养及必备技能为核心,培育中华优秀传统文化"两创"思维与实践能力,兼顾与当代文化版权资源管理与开发等技能的衔接,锻炼剖析、建构和解决该领域实际问题的能力。

素质目标:涵养学生的中华优秀传统文化价值观念,使其兼备国际文化交流与协同能力,引导他们形成适应时代的文化自觉,成为提升国家文化软实力、增强中华文明传播力影响力的复合型、创新型专业人才。

作为一门应用理论与方法论相结合的文化产业管理、

艺术管理等相关专业的核心课程,本课程旨在通过有机整合文化遗产学、文化人类学、文化经济学等多个学科应用理论,形成一套适用于交叉学科的综合性知识体系。通过知识地图帮助读者在专业学习之初建构可以利用的文化艺术要素体系,认知文化资源生成、配置及价值创造、转化的客观规律,掌握保护、利用、开发文化资源的理念与方法。

拉近传统文化与读者之间的距离。让相关专业人才真正认识传统文化资源的宝藏价值,触发自主传承、自发弘扬的意识。

拉近中华文化复兴大业与读者的距离。让读者认识到自身的能动价值,激发主动探究、敢于创新的动力。

拉近《文化资源导论》相关课程与读者的距离。抛出"知其然而不知其所以然"的真问题,传递兼顾认识论基础与多学科视野的真方法。

《文化资源导论》一书不仅凸显了中国特色,也融入了国际交流范式;突出了国家文化软实力优势,并倡导通过"资源观"的视角,激励读者发掘和利用文化资源,在推动文化转化为生产力、凝聚力和影响力的过程中发挥自身价值。期待这本书可以点亮更多相关专业学子的"文化强国"心灯!

第一章 文化资源入门

- 第一节 传统文化资源与现代文化资源
- 第二节 无形文化资源与有形文化资源
- 第三节 资源观与文化资源
- 第四节 文化资源和文化产业、经济社会发展的关系
- 第五节 文化资源学习指南

第一节　传统文化资源与现代文化资源

中国文化资源极其丰富、门类众多,认识文化资源是参与文化资源保护利用和开发,让传统文化资源在当代焕发蓬勃生命力的基础。从历史性视角出发,文化资源大体可分为传统文化资源与现代文化资源。传统文化资源与现代文化资源以时间维度来区分,传统文化资源指向的文化资源生成于"过去时",包括古代建成的文物古迹、传统民俗节日活动、传统戏剧曲艺等,均属于传统文化资源范畴。

1840年,第一次鸦片战争爆发,中国开启由传统向现代的转型,因而本书界定的传统文化资源主要是指1840年前生成的文化资源。1840年之后,近现代产生的文化成果和积累,被称为现代文化资源。例如,中国新民主主义革命开启的革命文化,中华人民共和国成立后形成的社会主义先进文化等都是现代文化资源。

以不可移动文物的认定为例,可了解文化资源生成的时间与其认定的直接相关性。国家文物局印发的《不可移动文物认定导则(试行)》中规定,在古遗址、古墓葬方面,元代以前的直接认定为不可移动文物,明代至1911年间具有代表性的认定为不可移动文物资源;在石窟寺、石刻方面,1911年以前的直接认定为不可移动文物,1911年以后具有代表性的认定为不可移动文物;在古建筑方面,1840年以前建造的本体尚存的直接认定为不可移动文物,1840—1949年建造的具有代表性的建筑认定为不可移动文物,1949年以后建造的特别重要的、具有典型代表性的建筑认定为不可移动文物。[①] 可见,近现代建造的建筑等也可列入不可移动文物,但对其意义和典型性等要求更高。

[①] 国家文物局:《不可移动文物认定导则(试行)》,参见 https://www.gov.cn/zhengce/zhengceku/2018-12/31/content_5433133.htm。

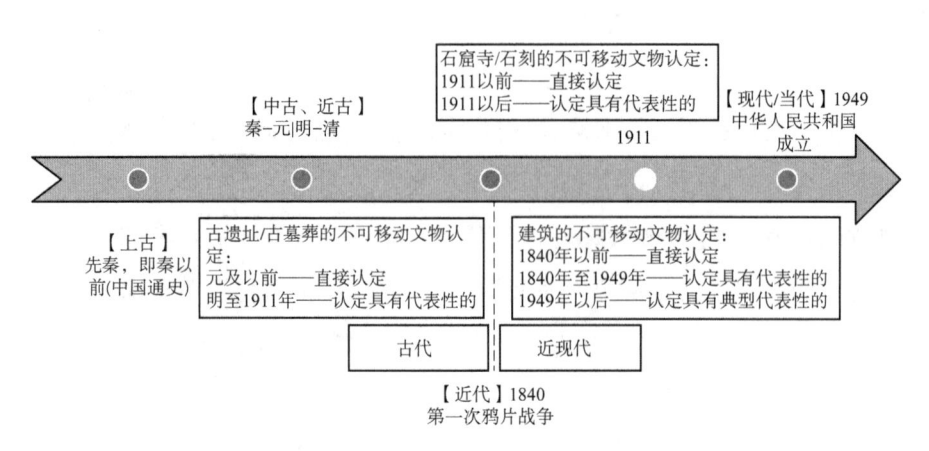

图 1-1-1 不可移动文物认定时间轴

可移动文物藏品的定级,也与时间维度相关。在国家文物局印发的《文物藏品定级标准》中,近现代文物定级为一级文物的标准(见图 1-1-1、1-1-2)表述如下(选取):与中国近代(1840—1949)历史上的重大事件、重要人物、著名烈士、著名英雄模范有关的特别重要的代表性文物;与中华人民共和国成立以来的重大历史事件、重大建设成就、重要领袖人

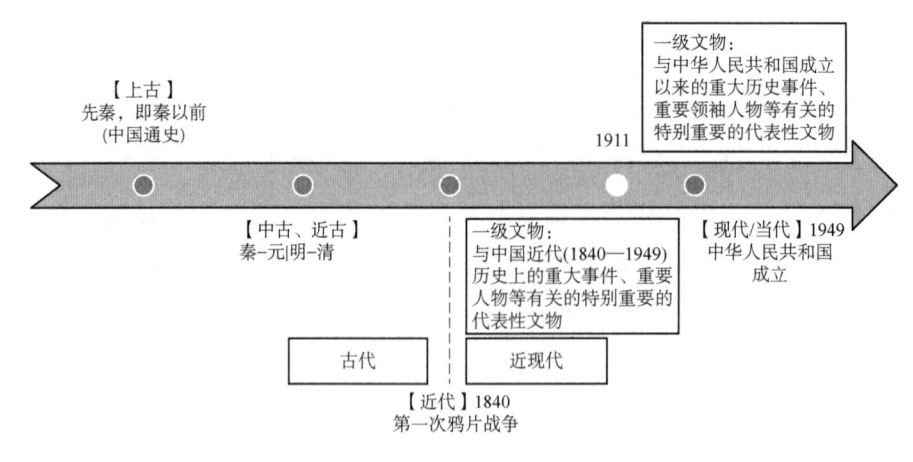

图 1-1-2 可移动文物认定时间轴

物、著名烈士、著名英雄模范有关的特别重要的代表性文物。① 可见,近现代生成的文物需达到"特别重要"的意义和价值才能定级为一级文物。

【案例】
世界文化遗产——敦煌石窟

　　敦煌石窟泛指敦煌地区及其附近的石窟,包括莫高窟、西千佛洞、安西榆林窟。敦煌石窟是中国中古时期的重要佛教文化遗存。回顾敦煌石窟的考古发现及保护研究的历史,英国的斯坦因、法国的伯希和、俄国的鄂登堡在考察敦煌期间都不同程度地实施了骗购、掠夺等行为,这给敦煌石窟带来了巨大灾难。同时,这些外来者也引进了考古方法,发布了最初一批考察资料。此后中国学者对敦煌的石窟艺术、绘画及造像艺术的研究不断增加,如吴作人、张大千等临摹敦煌壁画,出版《莫高窟记》,激发了更多人对敦煌文化的保护意识。1944年,敦煌研究院的前身国立敦煌艺术研究所成立,常书鸿等老一辈的敦煌学者相继开展涉及石窟建筑、雕塑、壁画等方面的敦煌艺术研究,对敦煌石窟开展调查测绘,撰写考古报告,开展清理、发掘等抢救保护工作,并从断代与分期研究、内容研究等方面开展学术研究,取得丰硕成果。②

　　1. 敦煌石窟的多元价值

　　敦煌现存石窟800余个,是自南北朝时期到元代,跨越1200年的艺术集成,包含宗教、文化、民族、历史等多元化价值。石窟在文物保护体系里隶属石窟寺和石刻一类,这一类包括石窟寺、石刻、岩画等类型,属于不可移动文物。

　　敦煌莫高窟有45 000多平方米的壁画、3 000余身彩塑以及石窟古建

---

① 文化和旅游部:《文物藏品定级标准》,参见 https://www.gov.cn/zhengce/2001-09/26/content_5712557.htm。
② 樊锦诗:《敦煌石窟研究百年回顾与瞻望》,《敦煌研究》2000年第2期。

等,具有极高的艺术价值,常见的壁画类型有佛教尊像画、佛经故事画、佛教史迹画、经变画、中国传统神仙画、装饰图案及供养人画像等。其中,经变画自隋唐以后大量出现,其通过绘画的方式解释和讲述了佛经内的故事,用当代视角来看就是对佛经的形象化和可视化;供养人画像,是指在绘画、雕刻艺术作品中精心绘制的功德主及其家族成员或相关人士的画像;装饰图案则主要用于石窟建筑装饰,代表性的敦煌石窟装饰画有藻井图案(见图1-1-3)、椽间图案、边饰图案等;而敦煌壁画中的山水画遍布石窟,内容丰富,形式多种多样,大多与经变画、故事画融为一体,起陪衬作用。敦煌石窟是中国古代璀璨的艺术宝库,其蕴含的丰富美学价值可成为当代艺术创作的素材源泉,具有深厚的历史价值。

图1-1-3 敦煌莫高窟360窟中唐藻井中迦陵频伽伎乐的线描图[①]

敦煌石窟是古代丝绸之路上不同文明对话交流的重要见证。它以汉地文化为基础,吸纳了印度等西域佛教文化的艺术精髓,同时兼容并蓄藏传佛教艺术及多民族文化的特色,成为系统完善、历时悠久的中国式佛教

[①] 图片来源:https://www.163.com/dy/article/FK8QKOVR0521BMH5.html。

艺术的典型。佛教蕴含的哲学思想、人文精神、价值理念浸润敦煌石窟，跨越千年而熠熠生辉。其中，藏经洞中的相关文献资料，属于可移动文物、文献遗产。

敦煌石窟是中国石窟建筑的杰出范例，又具有很高的科学价值。洞窟布置合理，结构稳固，融合中国古代建筑特色与地质环境因素，展示了中国古代科学技术的丰富成果，成为了解中国古代营造技艺及知识体系的重要窗口。

同时，敦煌石窟及敦煌遗书等文化遗产蕴藏敦煌千百年间的社会、文化风貌，见证了中国古代文明的辉煌，同时又承载了中西文明之间的对话交流的印记，对研究丝绸之路的历史与文化具有重要意义。

1987年，敦煌石窟被列入联合国教科文组织《世界遗产名录》，成为为数很少的符合世界文化遗产全部六条评定标准①的世界遗产地。敦煌石窟作为建筑、雕塑、壁画、文献等相结合的综合、立体文化宝库，既是中国古代文明璀璨的艺术宝库，也是东西文明交汇的重要见证，宗教、艺术、文化在此交融，展示出中国古代文明的璀璨光芒，成为世界文化遗产的典型代表。联合国教科文组织、世界遗产委员会的标志见图1-1-4。

2. 敦煌石窟的当代利用

故事画，是以佛经中各种故事为底本完成的连环画，著名的《鹿王本

---

① 联合国教科文组织、世界遗产委员会提出世界文化遗产的六个标准：一是代表一种独特的艺术成就，一种创造性的天才杰作。二是能在一定时期内或世界某一文化区域内，对建筑艺术、纪念物艺术、城镇规划或景观设计方面的发展产生过较大影响。三是能为一种已消逝的文明或文化传统提供一种独特的至少是特殊的见证。四是可作为一种建筑或建筑群或景观的杰出范例，展示人类历史上一个（或几个）重要阶段。五是可作为传统的人类居住地或使用地的杰出范例，代表一种（或几种）文化，尤其在不可逆转之变化的影响下变得易于损坏。六是与具特殊普遍意义的事件、现行传统、思想、信仰、文学艺术作品有直接或实质的联系。

图 1-1-4　联合国教科文组织、世界遗产委员会标志

生》就是其中之一,20世纪80年代的动画片《九色鹿》即根据这幅壁画相关内容改编而成。故事画《九色鹿经图》绘于257号北魏时期洞窟的西壁中部,壁画再现了《佛说九色鹿经》中"鹿王本生"的故事,蕴含助人为乐、善恶报应的朴素道理(见图1-1-5)。九色鹿最早是通过动画片《九色鹿》(见图1-1-6)进入大众视野的,这部动画片1981年由上海美术电影制片厂出品,是敦煌壁画早期作为一种文化资源与影视剧载体相结合的典型案例。借助影视等大众媒介,该动画片对敦煌文化资源进行了较好的转化、传播,使大众对敦煌壁画中"鹿王本生"的典故有了更多的了解。

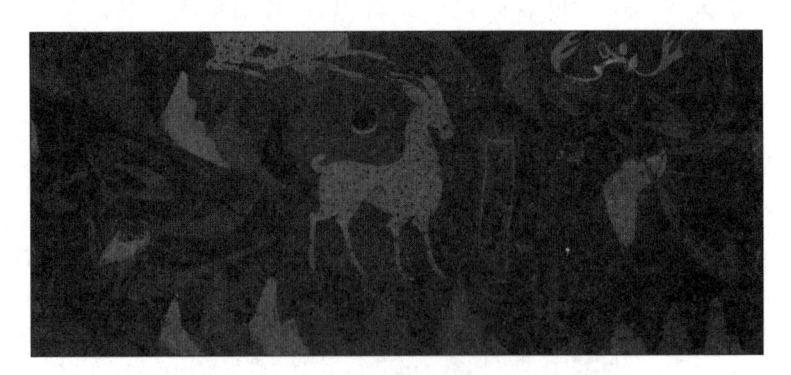

图 1-1-5　敦煌莫高窟《九色鹿经图》壁画①

---

① 图片来源:https://ip.e-dunhuang.com/item.html?id=9861。

图 1-1-6　动画片《九色鹿》①

2017年,腾讯公司和敦煌研究院共同开启了"数字供养人计划"(见图1-1-7)。供养人原指出资开凿石窟的虔诚信徒。在敦煌石窟存在的1200年间,虔诚的信徒们作为供养人源源不断地出资开凿和维护敦煌石窟,珍惜和保护着敦煌石窟这一文化瑰宝。"数字供养人计划"就是从敦煌供养人的历史渊源出发,鼓励大众尤其是年轻人,通过互联网公益、文创、音乐、动漫等多元数字方式,参与到敦煌壁画的数字化保护与利用之中,成为敦煌数字供养人的一员,将敦煌的千年文化传承至下一个千年。

图 1-1-7　数字供养人计划②

① 图片来源:https://www.sohu.com/a/740126522_121106869。
② 图片来源:https://www.thepaper.cn/newsDetail_forward_21319306。

其中,腾讯文创与敦煌研究院于2019年开始合作,上线了"敦煌诗巾"小程序,通过与专业设计师和丝绸企业合作,利用敦煌石窟经典壁画元素,推出了经典风(藻井熠彩)、新潮风(瑞兽出道)两类设计风格的丝巾定制服务(见图1-1-8)。200多个壁画细节纹样借助数字技术组合成设计产品的创意元素。进入"敦煌诗巾"小程序,用户可以利用前期采集的敦煌石窟元素自由组合花纹图案,并体验文化创意衍生品的设计过程,实现私人定制。比如,九色鹿寓意吉祥、平安、喜乐,在"敦煌诗巾"设计中化身瑞兽元素,作为辨识度较高的文化符号,受到用户欢迎。

图1-1-8 九色鹿"敦煌诗巾"①

实际上,敦煌研究院自20世纪80年代就提出了"数字敦煌"的构想,旨在借助计算机、数字图像等技术,实现敦煌文物的永久保存与永续利用(见图1-1-9)。2011年,"数字敦煌"初步建成,资源库于2016年上线。该项目借助数字化技术,将文字信息、平面影像(静止图像)数据以及三维空间信息数据进行统一关联与整合,通过高效管理与合理利用这些巨量

---

① 图片来源:https://m.sohu.com/a/289476226_368367。

信息数据,不断拓展数字敦煌虚拟空间,并借助数字素材库开发衍生功能,形成兼顾学术研究、技术保护、艺术创作的数字敦煌保护体系。

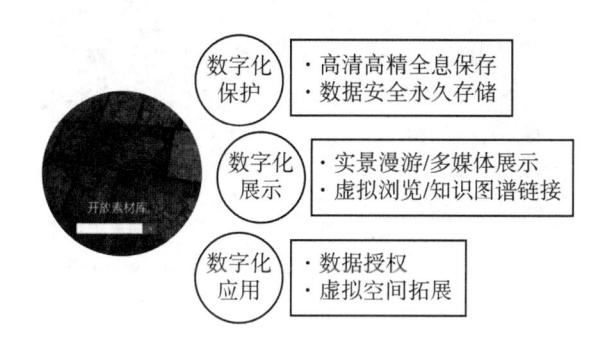

图1-1-9 数字敦煌项目架构

"数字敦煌"近期推出了开放素材库,由敦煌研究院开发、运营和管理。可授权的素材内容有:石窟数字资源,包括敦煌石窟壁画、塑像、建筑及藏经洞文献等文物的高清数字图像资源;数字创意资源,包括壁画线描图、美术临摹、创意设计作品等数字图像资源;艺术摄影,包括文物本体、石窟外景等的艺术摄影作品;共创作品,包括社会大众和合作机构基于敦煌文化艺术素材自主创作、在素材库确权认证的作品等;其他由敦煌研究院享有版权或者授权权利的数字资源。此外,"数字藏经洞"综合运用高清数字照扫、游戏引擎的物理渲染和全局动态光照、云游戏等技术,生动复现了藏经洞及其百年前室藏6万余卷珍贵文物的历史场景。

莫高窟217窟是盛唐时期的覆斗型洞窟,窟中可以看到唐代画师笔下的庄严器具——华盖(见图1-1-10)。华盖可美化装饰,又具有圣化石窟空间的作用。华盖形制多样,有幔盖、覆莲伞盖、圆伞盖、花盖及缠枝花盖等。在"数字敦煌"网站,浏览者既可身临其境地观看该窟高清全息全景壁画,又可在"敦煌诗巾"小程序中运用华盖元素,自主定制个性化丝巾(见图1-1-11)。

图 1-1-10　莫高窟 217 窟华盖①

图 1-1-11　"敦煌诗巾"中的华盖元素②

无论是"数字敦煌"网站,还是"敦煌诗巾"小程序,都拓展了公众与敦煌石窟发生交集的触角,敦煌石窟的保护与利用也日益受到公众的关注。

扫描二维码,探索敦煌:

---

① 图片来源:https://www.e-dunhuang.com/cave/10.0001/0001.0001.0217。
② 图片来源:https://m.sohu.com/a/289476226_368367。

思考题：

"敦煌诗巾"小程序这一案例利用了哪些资源？

思考提示：

首先是丝巾制作的原料丝绸。丝绸作为自然界不存在的物质，需要通过轻工业生产，因而需要一定的劳动力资源。"敦煌诗巾"的产品具有的独特图案纹样和寓意蕴含着文化价值和艺术审美价值，是典型的文化资源。除了物质生产的劳动力资源，还需要以技能、知识为基础的智力资源，如软件工程师、绘图师、设计师等掌握相关技术的专业人员。

3. 衍生："Cave Dance(窟·舞)"项目

敦煌石窟丰富的文化艺术资源是各类当代文化产品、艺术作品的重要素材。哈佛大学文理学院 CAMLab 开发的"Cave Dance(窟·舞)"项目（见图1-1-12）以敦煌石窟乐舞为主题，项目团队汇集了艺术史学家、人工智能学家、数据科学家、音乐学家、编舞家、宗教学家、建筑师和数字艺术家，共同对敦煌乐舞文化进行跨学科研究，利用机器学习的力量，为

图1-1-12 "Cave Dance(窟·舞)"项目[1]

---

[1] 图片来源：https://camlab.fas.harvard.edu/project/cave-dance/#。

古老的舞蹈形式带来新的见解。静态的壁画与专业舞者的动作捕捉数据被用于训练机器学习,并最终生成了动画动作序列的人机协作编排模型。通过这一过程,"Cave Dance(窟·舞)"为静态的舞蹈壁画注入了新的生命,用现代技术诠释了古代文化遗存,展现了古代舞蹈的当代重构和想象。"Cave Dance(窟·舞)"最终以一组数字装置的形式进行展览,不仅让观众沉浸在敦煌舞蹈的动态世界中,还引导他们进入"窟·舞"的深层文化维度,即引导观众思考敦煌乐舞所体现的身体、生命和灵魂超越的主题。

扫描二维码可查看项目相关网站:

第二节 无形文化资源与有形文化资源

上述敦煌石窟的案例是传统文化资源,也是有形文化资源。这引出了另外一种对文化资源的分类——有形文化资源和无形文化资源。有形文化资源指精神内容与物质载体相结合,表现为有形的结合体,结合体承载着文化资源的核心价值。有形的文化资源包括文物古迹、历史建筑、石窟石刻等。无形文化资源是人类精神活动所创造,并被广泛传播和认知的精神内容。实际上,从古至今,人类大量的精神内容没有被他人广泛传播和认知,没有成为文化资源。无形的文化资源包括文化版权资源、非物质文化遗产等。

【案例】

弗里达·卡罗(Frida Kahlo, 1907—1954年)

弗里达·卡罗(见图1-2-1)是墨西哥现代画家。因成长过程中经历患病、车祸等不幸遭遇,绘画成为弗里达的精神寄托,她将自己的感受及想象通过画笔展现给世人。

弗里达的画作,被描述为素人艺术或民间艺术,墨西哥传统文化是其艺术作品的文化根源。弗里达的画作隶属现代艺术,是现代文化资源,已在电影创作、文创设计中被转化利用。其中,电影《寻梦环游记》就是一个典型代表,影片中的亡灵世界里出现的弗里达就是以弗里达·卡罗为原型的。电影还将墨西哥的神

图1-2-1 弗里达·卡罗[①]

话传说、民间手工艺等文化元素融入创作中,如亡灵节、墨西哥剪纸等,本身也是对墨西哥传统文化资源的再利用。

弗里达的作品同时体现了时代、地域、阶层及个人经历等文化资源属性。如弗里达的作品 *Fulang-Chang and I*(1937年,见图1-2-2)现藏于纽约现代艺术博物馆,画面中的蜘蛛猴、荆棘等都是墨西哥动植物的意象符号,且这些符号的隐喻意义与弗里达过往经历相契合,符号化的墨西哥元素与隐喻性的意象,共同构成弗里达高度个性化的艺术风格。*The Frame*(1938年,见图1-2-3)是弗里达·卡罗创作的一幅自画像。这幅画于1939年被卢浮宫收藏,是第一幅被国际大型博物馆收藏的20世纪墨西哥艺术家作品,现在巴黎蓬皮杜中心的国家现代艺术博物馆展出。

[①] 图片来源:https://www.artsy.net/search? term=Frida%20Kahlo。

图 1-2-2　*Fulang-Chang and I*① 　　　图 1-2-3　*The Frame*②

　　弗里达的画作由墨西哥传统文化资源孕育,地域文化构成了艺术作品的素材来源,且赋予艺术家及其作品特有的辨识度。根系是弗里达艺术作品中的重要意象,将她的作品与养育她的大地紧密相连。阿兹特克神话在弗里达的绘画中占有重要地位,包括猴子、骷髅、头骨、血液和心脏等象征符号。各类墨西哥传统文化要素为弗里达艺术作品提供了文化基因。受墨西哥当地用色习惯的影响,其作品中经常使用明亮的热带色彩。同时,弗里达的画作又巧妙糅合了现代艺术的面具化与符号化的视觉语言,使她的艺术作品极具现代文化的辨识度。

　　当代艺术家安迪·沃霍尔(Andy Warhol)的作品同样展现出极高的辨识度,他是波普艺术的倡导者,其艺术作品也深受他所在地域的文化影响。他所处的 20 世纪 60 年代的美国,繁荣的市场经济催生出新的消费观念,消费文化赋予了安迪·沃霍尔创作源泉,使其大胆尝试凸版印刷、拓印、照片投影等各种复制技法,将波普艺术做到极致,形成了极具辨识

---

① 图片来源:https://www.moma.org/collection/works/79374。
② 图片来源:https://www.centrepompidou.fr/en/ressources/oeuvre/EaZN1kV。

度的现代艺术风格。

1. 衍生：电影《寻梦环游记》(2017)与画家弗里达

《寻梦环游记》(见图1-2-4)以墨西哥传统节日"亡灵节"为背景,讲述了关于爱、原谅与遗忘的故事。影片中融入大量墨西哥的各类文化资源：民俗文化资源中的"亡灵文化"为电影《寻梦环游记》赋予了丰满的叙事层次；独具特色的墨西哥音乐、舞蹈传达出墨西哥文化中的艺术基因；"亡灵节"当天的剪纸装饰、当地特有的建筑等,则将墨西哥这个神秘国度的文化场景立体地展现在大众面前,实现文化资源的创新应用。电影在对文化资源的利用过程中,体现了"文化求异、文明趋同"的原则,呈现文化多样性的同时,揭示普遍性意义,如生命的意义,传递死亡、爱、记忆等永恒主题内涵,力求治愈心灵。

图1-2-4 电影《寻梦环游记》中弗里达与猴子

电影对传统文化资源的当代转译,对文化符号的多层次使用,如传统墨西哥文化符号万寿菊与彩色剪纸手工艺(见图1-2-5),充分体现了文化象征物在现代文化传播中的价值。然而,电影也敏锐认识到符号传播的局限性,以及跨文化传播的难点。影片《寻梦环游记》中有这样一个片段,落魄乐手海特为在亡灵节见到自己的女儿,想要假扮他人蒙混过关,他所假扮的人物正是墨西哥艺术家弗里达·卡罗。弗里达不仅成为电影中的角色,电影的美术风格等多个层面都融入了其作品的色彩与风格。《寻梦环游记》中弗里达·卡罗形象的塑像见图1-2-6,这部电影不仅是传统文化与地域文化资源的载体,而且也是现代文化资源的载体,融入了现当代艺术的意象与灵感。

图1-2-5 《寻梦环游记》中的墨西哥文化元素:剪纸、万寿菊等

图1-2-6 卡罗博物馆的弗里达·卡罗塑像[1]

2. 衍生:MoMA展出弗里达作品时的策展思维

纽约现代艺术博物馆(MoMA)在展示弗里达画作 *Fulang-Chang and I* 时采取了"制式之外"(Beyond The Uniform)的展览策划理念。艺术家认为弗里达自画像中镇定的面容,给了她沉思的力量和面对自我的

---

[1] 图片来源:https://en.wikipedia.org/wiki/Frida_Kahlo_Museum_(La_Casa_Azul)。

勇气。因而在"Beyond the Uniform：See yourself in Kahlo's mirror"板块中，展览让观众通过镜子看到"我是谁""我能做什么"（见图1-2-7）。这样的策展设计拉近了观众与艺术作品之间的距离，让观众看到艺术的丰富性与多面性。

图1-2-7 MoMA展览现场①

扫描二维码观看"Beyond the Uniform：See yourself in Kahlo's mirror"：

---

① 图片来源：https：//www.moma.org/audio/playlist/307/3971。

第三节 资源观与文化资源

在梳理文化资源的相关概念时,需要理解何为资源。"资源"一词源自经济学,《现代汉语词典》将资源定义为"生产资料或生活资料的来源,包括自然资源和社会资源"①。最初,人们主要认识的是物质层面的自然资源,包括土地资源、水资源、矿产资源以及森林、草原、海洋等其他类型。随着社会发展,人们对资本、人力资源、文化资源、旅游资源、数据资源等社会资源的重视程度不断提升。社会资源还会随着经济社会的发展而更新、拓展,例如劳动力资源向人力资源转变,数据资源越来越得到社会的重视。

资源观的普及与更新是一个重要趋势,人们对于资源框架的认识逐渐完善。尤其在2018年机构改革后,中国先后组建或新建了自然资源部、人力资源和社会保障部、文化和旅游部、国家数据局等。其中,文化和旅游部下设资源开发司,承担文化和旅游资源普查、规划、开发和保护的职能。

文化也是一种资源,从广义的角度来看,文化是人类社会历史实践中所创造的物质财富与精神财富的总和;狭义的文化主要指人类精神生产活动及其产物。文化首先是上层建筑,而后成为生产力。人类精神活动所产生和积累的文化成果具有生产性,可成为创造财富的重要资源;文化资源在创造经济价值的同时又在生产和积累新的文化资源,而经济效益与社会效益是同时被创造的。

国外对文化资源范围的界定偏向于历史文化资源。如托马斯·F.金在《文化资源法律与实践》一书中认为文化资源是"任何具有文化特征的

---

① 中国社会科学院语言研究所词典编辑室:《现代汉语词典》(第7版),商务印书馆2023年版,第1732页。

资源(即对某事有用的东西),通常与某些社区的身份联系在一起。例如社会机构、历史文化遗迹、文物、文献和传统生活方式"①。国内相关教材将文化资源定义为"凝结了人类精神劳动的产物,包括精神活动所生产和凝结而成的精神内容,以及精神活动作用于自然对象而产生的结果"。

本书将文化资源简要界定为人类精神活动创造,并被广泛认知、可资利用的资源类型。所谓可资利用是指资源具有发展要素的价值,这种发展包括经济、社会以及人类自身的发展。本书将侧重传统文化资源的介绍,又兼顾与现代版权资源等的衔接。

首先,文化资源是地方感的来源。"地方感"源自人文地理学,指不同地域具有特定的文化与社会特征,是人与地方相互作用的产物,涵盖了不同地域的历史、文化、社会、环境等多种因素。不同地域依托特定环境,形成特定的文化传统,这些传统进而催生了各具特色的文化产业,如区域文化产业、地方特色文化产业,它们依托当地独特的文化生产景观。其次,文化资源植根历史。文化是历史情感化的呈现,如进入新时代,围绕文物保护与利用,"让文物说话"这一说法即通过物质文化遗产了解历史。最后,文化资源可形成文化认同。文化认同的构建源自主体自身诉求,主要是对精神文化的认同,包括语言文字、传统服饰、风俗习惯等文化符号认同,神话传说、民族史诗等历史叙事认同,思想观念、道德规范、民族精神等价值观念认同。文化资源兼具传递文化符号、历史叙事以及价值观念的功能,是主体完成文化归属感确认,形成文化身份认同的重要依据。

精神内容若被广泛认知、可资利用,便能够成为文化资源;同样,当精神内容与物质载体相结合,被人们广泛认知、可资利用,也能够成为文化资源。首先,精神内容的创造既可以是有意识的精神生产,旨在创造精神

---

① Thomas F. King, *Cultural Resource Laws and Practice*, Rowman & Littlefield Publishers, 2008, p.265.

产品；也可以源于人类偶发的精神活动，比如对自然对象的想象为其创造了文化意象，赋予其新的价值。当这种精神内容被固定化后，原本偶发的精神活动便具有了目的性。其次，与物质载体的结合，可以是对物质载体的物化利用、加工、改造，也可以是对自然对象的精神投射、附加而后固定化。再次，精神内容与物质形式密切相关，即使是无形文化资源，其精神内容也需要通过一定的形式和载体来呈现。最后，精神内容与物质形式的结合方式很重要，在这种结合关系中，精神内容呈现的直接性，及其精神内容和物质形式各自作用的大小，可以用来界定文化资源的类型。

第四节　文化资源和文化产业、经济社会发展的关系

一、文化资源与文化产业的关系

在生产力水平较低的封建社会，存在一种现象，即艺术欣赏和文化教育等主要局限于上层社会，只有少数人拥有欣赏文化艺术作品、接受艺术教育的机会。因此，普遍性与大众性的缺失使文化难以成为生产力，难以成为文化资源。当时的文化成果至多只是作为商品在市场流通环节进行交换，人们还无法把文化成果作为生产资源加以利用和开发。

分水岭出现在工业革命，经济社会的发展，使得人类有余力来追求精神上的满足，文化产品和服务被大量生产出来满足人们的精神需求。同时，大众对文化的需求促进了文化产品和服务的发展，文化的重要性凸显，而文化产品和服务的大量涌现使得文化产业应运而生。正是文化产业的孕育发展使得人们更加意识到文化资源的重要性，并开始对文化资源进行保护、利用和创造性转化。总之，文化资源和创意成为关键性的投入要素，缔造了文化产业。

二、文化资源和经济社会发展的关系

文化在经济社会发展中的作用、人们对文化地位的认识决定了人们对文化资源的认识。当代文化资源已成为经济社会发展的关键要素,而资源的发展要素价值是资源被利用的基础,也是资源被更好保护的动力。

文化和科技都是经济社会发展的要素。2017年,马化腾在美国康奈尔科技学院演讲时,第一次公开明确腾讯未来战略的两个关键词——科技和文化。2018年的全国两会上,马化腾又提出书面建议,认为应充分发挥科技潜力,使之成为文化发展的助推器,通过"科技＋文化"的融合创新,促进文化产业内部、产业与社会各领域之间生态化、协同化发展。在马化腾看来,科技与文化是腾讯的"一体两面"。当代,文化与科技充分融合,可以在经济社会的各行各业中发挥作用,体现社会价值和经济价值。

回望人类文明发展的历史,工业革命以来,人们首先意识到科学技术创新的重要性,脱离了过去以自然资源和简单劳动力为主要投入要素的生产方式,开始构建以知识为基础的社会经济发展模式。而后又从以科技发明为单一形式的知识技术创新,扩展到美术、设计、表演、创意思想、历史文化资源等对各类文化资源的创新利用。当代,各类文化资源成为经济社会发展的关键要素,科学技术和文化资源在经济社会发展中的地位同等重要。

第五节　文化资源学习指南

"文化资源学"并不是一门纯理论的课程,而是一门面向应用的课程。本课程带领着大家一同梳理文化资源的主要门类,尤其是传统文化资源、文化遗产资源,了解相关专业学习实践中拥有哪些文化创新、艺术创造的原料、素材,可以利用什么来生产、创作新的文化内容和文化产品,并尝试在实践中保护好需要保护的文化资源,利用好文化资源创造当代价值。

"文化资源学"课程学习的目的,一是帮助学生掌握必要的理论知识,二是培养和增强学生在实际应用中保护、利用和管理文化资源的意识和技能。在"文化资源学"的学习中,学生需要了解文化资源尤其是传统文化资源的各种类型及其特点、价值,掌握保护、利用、管理这些文化资源的必备专业知识,并通过案例分析、案例实践培养应用文化资源的专业意识,学习如何保护利用和创新转化这些文化资源,如何实现文化资源的数字化保护和数字化展示,如何促进传统文化资源的传承与弘扬,减小知识理论和实际应用的距离。借助案例分析、观察体验以及课外调研等多种方式,可培养学生在实际工作和生活中应用文化资源的意识。对于文化产业管理、艺术管理等专业学生而言,这门课程也能够拓宽学生未来在文博、非遗、文旅、文创等领域的学习和就业视野。

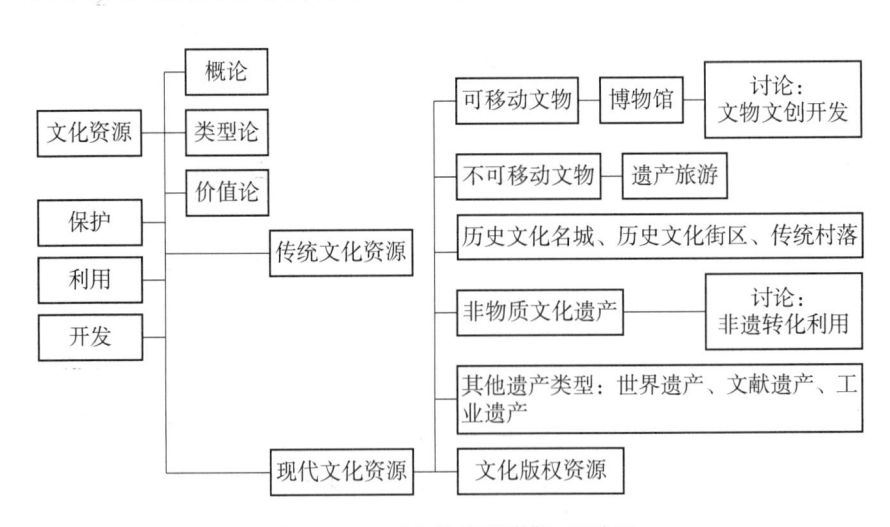

图 1-5-1 "文化资源学"知识地图

思考题：

"拥有丰富的文化资源并不等同于就有了文化软实力"，你怎么理解这句话？

思考提示：

文化软实力："力"来自什么？增强中华文明传播力影响力，"力"指向两个方向，一是对内的凝聚力，二是对外的吸引力。

文化生产力：人提供文化创意，技术是创意实现工具，可发挥更新、转化、提速、提效作用，文化资源是创意展开的内容基础；文化生产力创造经济价值的同时也创造新的社会价值，表现为文化繁荣发展。

第二章 | 文化资源的类型

- 第一节 从精神产品角度分类
- 第二节 文化资源的类型划分

第一节　从精神产品角度分类

一、文化资源精神内容与物质形式构成

文化资源来源于精神产品,因而可以从这一角度理解文化资源。精神产品是满足人们精神文化需要,通过精神劳动创造出的产品。精神内容是精神产品的本质,而物质形式是精神产品的外在表现。在精神产品的生产过程中,人们将自己的智慧投射于客观物质之上,将内心的精神活动转化为具体的对象形式。在这一过程中,精神活动得以物化和固化,形成了具有明确目的性的过程和结果。我们可以依据精神内容与物质形式的结合方式,从精神产品角度划分文化资源的类型。

精神内容与物质形式相辅相成,不可分离。人类一切产品都是无形的精神内容和有形的物质实体的统一。如果没有了精神内容,物质形式就只是自然存在物,不能构成文化资源。同样,缺少了物质形式,精神内容也难以构成文化资源,因为没有呈现载体的精神内容是滞留在人脑中的抽象意识,看不见摸不着,他人无法认知并传播。

二、基于"精神产品"角度的分类

人类的创造包括精神产品和一般性产品,但或多或少都包含精神内容,因而又可分为准精神产品、泛精神产品和纯精神产品三种类型。其一,准精神产品具备精神产品的基本特征,是人类的精神内容外化到物质载体并互相统一后生产出来的精神产品。其二,泛精神产品不一定是精神产品,而是指人类所有产品中蕴含的精神内容。可以说人类的任何创造都需要投入精神活动,因而一般性产品也包括人类的精神内容,属于泛精神产品的范畴。其三,纯精神产品是准精神产品所包含的精神内容,是准精神产品的一部分。

根据精神产品的这一分类,我们试将文化资源分为准精神文化资源、纯精神文化资源和物质文化资源。

(一) 准精神文化资源

准精神文化资源是以精神内容为核心,以物质载体为辅助材料的精神产品,主要包括可移动文物,美术、音乐、文学、设计等各类文化艺术内容。我们经常听到的名词"文化遗产"实际上包括了可移动文物、不可移动文物等物质文化遗产和非物质文化遗产。其中的可移动文物,即属于准精神文化资源的范畴。中国文化遗产统一标识"金沙太阳神鸟图案"(见图2-1-1)的灵感来源——出土于金沙遗址的太阳神鸟金箔,即可移动文物,是准精神文化资源。

图2-1-1 中国文化遗产统一标识

【案例】

毛公鼎

毛公鼎(见图2-1-2)作为可移动文物,是典型的准精神文化资源。

图2-1-2 毛公鼎[1]

---

[1] 图片来源:https://cj.sina.com.cn/articles/view/6466199206/1816a5ea600100aso4?autocallup=no&isfromsina=no。

毛公鼎铸于西周晚期，高 53.8 厘米，腹深 27.2 厘米，口径 47 厘米，于清朝道光年间在陕西岐山出土，现藏于台北故宫博物院。毛公鼎器形极其简朴，半球形的器身立于三蹄足之上，口沿之上有一对双立耳。全器器身光素，仅于器身口沿下方饰以一周精简的重环纹及一道凸弦纹。毛公鼎以其器腹内壁的铭文而为国之重宝。铭文全长 500 字，为迄今所知最长的青铜器铭文，其内容记载完整翔实，是见证西周"宣王中兴"的重要史料。

毛公鼎内部铭文（见图 2-1-3）具有重要的史料价值，铭文前段为宣王对毛公的训诰之辞，历述周宣王于即位之初缅怀周文王、武王如何享有天命、开创国家，他即位后对其所继承的天命也戒慎恐惧，极思振作积弊已久的朝政，乃请其叔父毛公统领百官、谐和四方，并使毛公族人组成禁卫军，以保护其安全。铭文后段详载宣王赠予毛公的丰厚赏赐，除特许征税外，另赐予美酒、玉器，以及一套符合身份的命服和驾驰四马的豪华马车。毛公于文末表达了对宣王的感谢，并愿以此鼎传之于后世，使子孙不忘先人伟业。古雅精奥的文风，表达了宣王对毛公的谆谆告诫与殷切期待，任重道远之情今日读来仍令人动容。

图 2-1-3 毛公鼎内部铭文①

---

① 图片来自台北故宫博物院。

同时,毛公鼎不像商和西周前期的青铜重器,并没有繁缛诡秘的兽面、动物纹,而是采用了端正的器形及浑厚的器壁,庄重肃穆,这也揭示了天命神治逐渐转变为国家行政及典章制度的演进过程。

图 2-1-4　左上:后母戊大鼎(商朝);右上:淳化大鼎(西周);
左下:子龙鼎(西周);右下:铸客大鼎(东周)①

祖先将青铜器具作为饮食工具,而后作为礼器,成为象征符号,象征意义大于实用意义。中国目前出土的最大的四个鼎分别是商朝的后母戊大鼎、西周的淳化大鼎、子龙鼎,以及东周的铸客大鼎(见图 2-1-4)。"鼎"这一历史悠久的古代器具,其身份在漫长的历史长河中经历了显著的转变,从最初的食器转为后来的礼器,并与王权紧密结合成为权力的象

---

① 后母戊大鼎、子龙鼎图片来源:https://www.chnmuseum.cn/。淳化大鼎图片来源:https://cul.sohu.com/a/674715795_120098870。铸客大鼎图片来源:https://www.ahm.cn/Home/Index。

征;爵、尊、角、壶都是饮酒的器具,其中壶是最基本的盛酒器具;簋是盛装煮熟的黍稷稻粱的容器,一般由圆形碗状器身、环形足(圈足)以及半圆形把手(耳)组成,口沿外倾,有的有方座及盖;盘、鉴是盥洗器具,盘是洗手时在下面接水的用具,鉴相当于我们现代的脸盆;鼎、鬲是用于煮肉、放肉羹的器具,鬲一般有三足,便于炊煮加热。爵、尊、角、壶即所谓"青铜器四件套"(见图2-1-5、2-1-6)。

图2-1-5 从左到右:铜鼎①、铜爵②、"父丁"铜尊③

图2-1-6 从左到右:铜壶④、铜簋⑤、铜角⑥

---

① 西周早期,山东滕州前掌大墓地。(本书图片未经说明者均由作者拍摄。)
② 商(约公元前1600—公元前1046年),河南安阳殷墟西区1713号墓。
③④⑤ 西周(公元前1046—公元前771年),陕西长安张家坡西周墓地。
⑥ 商(约公元前1600—公元前1046年),河南安阳郭家庄遗址。

跨越千年,青铜器以其独特的器型、丰富的纹样以及深厚的文化意蕴,成为文化创意转化的重要文化资源,在当代焕发新的生机。如首都博物馆根据"伯矩鬲"造型,设计开发同款文创雪糕(见图2-1-7),受到消费者青睐。首都博物馆的镇馆之宝"伯矩鬲",是1974年出土于北京房山琉璃河的国家级文物珍品,其造型精美,堪称商周青铜礼器的典范。首都博物馆提取"伯矩鬲"独特的牛头兽面纹,融入雪糕的造型设计中,借助文创,让文物走入人们的生活。

图2-1-7 "伯矩鬲"雪糕文创①

(二) 纯精神文化资源

纯精神文化资源以其无形的、纯粹的精神内容为存在形式,如口头传说、传统手工技艺等非物质文化遗产,符号、程序、软件设计以及文化创意内容等。例如,非物质文化遗产的核心是无形的、活态的精神内容,即纯精神文化资源,依赖于人际之间心手相传。中国非物质文化遗产标识(见

---

① 图片来源:https://mp.weixin.qq.com/s/NY4mFbMKdEh6iTg7gMJiQw。

图 2-1-8)外圆内方,中心的造型——鱼纹,是古陶器上最早出现的纹样之一,鱼纹外一双抽象的手,上下围合,寓意中国非物质文化遗产源远流长,世代相传。

中国有丰富的传统纹样,具有"纹必有意图必吉祥"的特点,古人通过不同图案传达不同寓意,如小猫扑蝴蝶,引申出"猫蝶",取之谐音耄耋,寓意祈福、长寿;五个儿童抱成团代表五子登科;五只蝙蝠围着"寿"字象征五福捧寿、祝福长寿等。这些无形的寓意是纹样图案的核心内涵,是具有民族民间特色的纯精神文化资源。

图 2-1-8 中国非物质文化遗产标识

【案例】
木版年画——生活的理想化和理想的生活化

中国人将理想追求外化到生活中可接触到的物质载体之上,通过理想的生活化表达形成了诸多民间艺术,这些艺术不仅展现了人们对美好愿景的深切追求,更体现了独特的审美追求,木版年画就是典型代表。古代,年画既是年俗等生活习俗物品,又具有辟邪、祈福等特殊功能,体现出人们对生活的美好期许,具有特殊的文化内涵,又是生活的理想化表达。

回顾年画的发展历史,唐代佛经版画兴起、雕版技术逐渐成熟,宋代市民文化的发展又大大促进了木版年画的繁荣。比如,北宋时期出现了专门售卖年画的"画市",当时把年画称为"画纸儿"。宋金时期出现了"四美图"这样精美绝伦的木刻版画,它也是现存最早的木版画。从古代年画中可以了解不同时代的社会文化和风土人情,这些画作生动地展现了各地民间绘画的传统技艺,是一种纯精神文化资源。

当代,兴起了对年画复兴的多元探索。例如各地年画传承人与互联网企业、文化创意团队合作,借助数字媒体及相关技术开发了年画贺岁动漫、年画体验 H5 页面、年画拼图小游戏、年画音频故事课、年画表情包等各种形态的年画主题应用,这些新产品促进了传统年画回归春节场景。如中国手艺网联合四川大学非遗研究中心发布的年画贺岁动漫《回家过年》(见图 2-1-9),以动画短视频的方式呈现传统年画人物形象,将年画融入现代生活中。

图 2-1-9 年画贺岁动漫《回家过年》[1]

扫描二维码,查看《回家过年》案例资料:

"游戏范式有助于理解和建构以参与、沉浸和反馈为特征的有效传播。"[2]正因如此,近年来借助游戏传播传统文化的案例越来越多。比如,QQ 华夏手游等制作的年画体验 H5 页面,将陕西凤翔木版年画以

---

[1] 图片来源:https://mp.weixin.qq.com/s/mf2u-nRm2uoJp54xM-vBDQ。
[2] 喻国明、杨颖兮:《参与、沉浸、反馈:盈余时代有效传播三要素——关于游戏范式作为未来传播主流范式的理论探讨》,《中国出版》2018 年第 8 期。

数字化、创意化的形象呈现,观众还可通过互动获得年画创意海报(见图 2-1-10)。

图 2-1-10　QQ 华夏手游×年画话新年 H5 创意海报①

(三) 物质文化资源

物质文化资源是指依附特定的物质载体才能存在的精神内容,并且这一物质载体是它主要的呈现形式,而其中所包含的精神内容赋予这一物质载体特定的意义。包括自然和人文景观,如历史建筑、遗址等不可移动文物类型文化遗产,博物馆等文化场馆设施。

【案例】
纽约大都会艺术博物馆

纽约大都会艺术博物馆(见图 2-1-11)是世界知名的艺术博物馆,

---

① 图片来源:https://www.weibo.com/tgideas? refer_flag=1005050010_。

位于美国纽约市第五大道82号大街,占地面积13万平方米,收藏有300万件展品。与中国北京的故宫博物院、英国伦敦的大英博物馆、法国巴黎的卢浮宫、俄罗斯圣彼得堡的艾尔米塔什博物馆并称为世界五大博物馆。

图 2-1-11 纽约大都会艺术博物馆①

该博物馆包括古希腊罗马艺术、欧洲雕塑及装饰艺术、美国艺术、古代近东艺术、远东艺术、20世纪艺术等18个展区展厅。纽约大都会艺术博物馆属于物质文化资源,其中的馆藏文物是可移动文物,属于准精神文化资源范畴。

此外,该馆地下一层主要用于博物馆教育,包括图书馆、报告厅、培训教室、实验室、纪念品商店等。

扫描二维码,浏览纽约大都会艺术博物馆:

---

① 图片来源:https://www.metmuseum.org/zh/plan-your-visit/met-fifth-avenue。

第二节　文化资源的类型划分

文化资源的形态、性质多种多样,因而分类的方式也很多。类型划分的关键在于其分类依据。以下再给出几种分类方式。

一、以创造时间为分类依据

以文化资源的创造时间为分类依据,文化资源可分为传统文化资源与现代文化资源。传统文化资源也叫作历史文化资源。传统文化资源主要指古代产生并留存至今的文化资源,典型代表便是各类珍贵而独特的文化遗产,如前文我们提到的敦煌石窟即为传统文化资源。现代文化资源指向近现代人类创造的精神文化成果,如现代艺术作品、文化版权资源、文化相关技术专利发明等。

二、以物质载体形式为分类依据

根据精神内容所依附的物质载体是否可以被观察,文化资源可以细分为有形文化资源和无形文化资源两大类。这种分类方式具有一定的模糊性,因为在实际生活中,无形文化资源可与不同物质载体相结合,形成有形文化资源,如剧作家创作的剧本,可通过印刷出版成为有形的精神产品。当搬上舞台形成戏剧表演,相对而言仍是无形文化资源。

三、以内容表现形式为分类依据

依据内容表现形式,文化资源可分为文学、文物、戏曲、音乐、美术、设计等,种类繁多,十分庞杂。这种分类方式存在门类边界模糊的情况,如音乐和舞蹈这两种文化资源,舞蹈表演需要借助音乐伴奏,此时,两种文化资源就必须同时出现,无法完全区分开来。因此按内容形式划分会出现一种资源兼涉两种甚至更多门类的情况,体现为综合性的资源形式。

四、以经济属性为分类依据

以经济属性为分类依据,文化资源可分为公共性文化资源和经营性文化资源。正如我国文化管理体系有文化事业与文化产业之分,公共性文化资源主要以满足国家和民族发展、社会公众整体的需要为目的,追求社会利益最大化,其所有权属于国家或者社会群体。经营性文化资源具有明显的商品化和市场化特征,采取商业化运营,例如电影的版权资源即属于经营性文化资源。

思考题:

文化资源的三种类型:纯精神文化资源、准精神文化资源、物质文化资源,请在你的家乡或长期居住地找到一个例子,并加以简要介绍。

思考提示:

纯精神文化资源:以无形的精神内容为存在形式。
准精神文化资源:以精神内容为核心,以物质载体为辅助材料。
物质文化资源:必须依附特定的物质载体才能存在,其物质载体为主要的呈现形式。

多选题:

以下哪些是准精神文化资源?

A. 苗族蜡染技艺
B. 毛公鼎
C. 油画《蒙娜丽莎》
D. 泰山

第三章 | 文化资源的价值

- 第一节 文化资源的属性
- 第二节 文化资源的形成机制
- 第三节 文化资源价值形成的过程
- 第四节 文化资源价值评估

第三章 | 文化资源的价值

第一节　文化资源的属性

一、无形性和有形性

文化资源通常是无形的精神内容和有形的物质载体、承载媒介相结合的产物。其一，对于纯精神文化资源和准精神文化资源而言，无形的精神内容直接决定了这类文化资源的性质。比如一座近现代建筑，决定对其进行特殊保护的依据，就是此建筑所包含的精神内容是否与特定历史事件、历史人物相关等。其二，纯精神文化资源也不能完全脱离物质载体而存在，纯精神文化资源在其精神内容的呈现、存储、传播和使用过程中，需要借助特定的载体或媒介，这些精神内容和载体媒介相结合形成特定形式的文化产品。其三，即使是物质文化资源，精神内容的价值依然起主要决定作用。

【案例】
梁祝传说

民间传说是典型的纯精神文化资源，也是无形的文化资源。中国四大民间传说是梁祝传说、牛郎织女传说、白蛇传说和孟姜女传说。下面以梁祝为例。

梁祝传说形成于一千六百年前的晋代，主要流传于浙江省的宁波、上虞、杭州，江苏省的宜兴，山东省的济宁，河南省的汝南等地，并向各地、各民族广泛传播。这些传说提倡求知、崇尚爱情、歌颂生命生生不息，首先以口头文学形式进行口耳相传，但到了当代，因城市化等影响，梁祝传说原有的传承方式受到了前所未有的冲击。回顾历史，梁祝传说在流传的过程中也在结合不同载体、不同媒介形成新的文化形态。例如越剧《梁山伯与祝英台》、小提琴协奏曲《梁祝》（见图 3-1-1）、电影《梁山伯与祝英台》(见图3-1-2)等艺术作品都深入人心、广为传播,由此形成了不同时代有关求学、婚恋的独特风尚,构成了庞大的梁祝文化系统。

图3-1-1 吕思清演奏小提琴协奏曲《梁祝》①

图3-1-2 1953年彩色电影《梁山伯与祝英台》
袁雪芬饰祝英台、范瑞娟饰梁山伯

梁祝传说在流传过程中不断得到丰富和发展,各地有了不少相关的

---

① 图片来源:https://www.takungpao.com/culture/237147/2019/0429/281724.html。

墓碑和庙宇等有形的物质文化资源。究其原因,可能是民众把传说中的主人公认定为自己身边的真实人物,把事件发生的地点认定为本地域,由此出现了许多相关的历史遗迹。传说无形内容的流变则更为普遍和广泛。比如,侗族版本里的祝英台送给梁山伯白银手圈,让他回家求亲,两人还在学校宿舍买木料打家具等。这些流变增添的细节实际上与侗族生活环境和生活文化息息相关,呈现了具有侗族文化特色的梁祝传说。又如白族版本的男女主角会亲手盖学堂,布依族版本中男女主角的相遇是祝英台在挑水回家的路上遇到了梁山伯。梁祝传说还流传到了东亚、南亚的许多国家,如韩国版的梁祝传说中,有在溪水中洗澡,柳叶传情等情节。总之,不同版本的梁祝传说让我们感知到,无形的文化资源在传播过程中会得到不断的更新,资源本身得以丰富。

扫描二维码,欣赏小提琴协奏曲《梁祝》:

单选题:
以下哪个在先哪个在后?
A. 梁祝传说在民间流传
B. 建起梁祝传说相关的墓碑、庙宇等

二、持续性和再生性

文化资源的持续性表现为文化资源的精神内容可以持续地加以利用。文化资源的再生性则表现为文化资源可以被重新生产并被反复利用。如前文提到的民间传说就可以实现持续利用。文化资源与不同时代的载体和媒介相结合形成了具有不同时代特征的文化产品,并且其精神内容不会因为利用与开发而受到损害。

文化资源的精神内容一般可以被反复利用,也就是具有再生性,例如,日本伊势神宫的造替制度,每隔20年要重建神宫,称神宫式年迁宫。但需要注意的是,物质文化资源会因为消耗殆尽而不可再生,而有些无形文化资源会因为技艺等无形内容的失传而不可再生。例如,物质文化遗产会因为火灾、地震等灾害而产生不可逆的损毁;一些非物质文化遗产因为传承人老龄化问题严重等而后继无人、面临失传。因此,不同类型的文化资源的持续性和再生性不同,并不是所有的文化资源都具有再生性。

另一个需要注意的问题是如何看待历史建筑等物质文化资源的重建行为。普遍认为,这种文化资源再生行为的判定,关键在于这种重建、复制能否得到所在地区人们的认同。而这种认同来源于该文化资源原本的精神内容是否完好地重新植入载体。

【案例】
前门五牌楼的重建

前门大街五牌楼(见图3-1-3)始建于明代,曾是北京城最高大、最雄伟的木质结构牌楼。曾多次遭遇大火,后来几经翻修,于1955年被拆除。2007年底,北京市文物古建工程公司到北京市档案馆查阅前门五牌楼的有关档案,查到了一张1935年五牌楼改建的蓝图。2008年,前门大街改造工程正式启动,作为前门大街标志性建筑的五牌楼也进行了重建。此次重建采用了北京市档案馆保存的1935年北平市工务局改建五牌楼图纸的档案,凭借着这张珍贵的蓝图重新恢复了前门五牌楼的原貌。

第三章 | 文化资源的价值

图 3-1-3 前门五牌楼①

---

① 图片来源：https://wap.bjd.com.cn/news/2022/10/14/10185591.shtml。

三、价值衍生性

文化资源的价值衍生性是指文化资源所包含的精神内容可以被提取、转化,并将之与特定的物质载体、媒介结合,形成新的、多样的文化产品。需要注意的是,纯精神文化资源、准精神文化资源的精神内容通常易识别、提取,而有些物质文化资源只能通过声名、外在形象的特殊指代等实现一定的转化以实现价值的衍生。

【案例】
"不一样"的民间刺绣

我国各地刺绣技艺种类丰富、特色鲜明(见图 3-1-4),刺绣图案可转化为数字文化产品的核心内容,充分发挥文化资源的价值衍生性。本案例中,大创团队提取民间刺绣的图案及其文化寓意,借助创意设计和网络技术制作了民间刺绣小程序,实现民间刺绣的数字转化和价值衍生。

图 3-1-4 "不一样"的民间刺绣[1]

---

[1] 图片来源:https://mp.weixin.qq.com/s/yRYCEUpqQhv1jOuIP5XOPg。

大创团队还建立了刺绣数字博物馆"云中绣吧"(见图3-1-5),依托实体刺绣博物馆的藏品,借助数字化技术搭建数字平台,展示数字形态刺绣图案,连接博物馆、爱好者、领域专家及文创产品。"云中绣吧"兼顾对刺绣技艺这种纯精神文化资源、刺绣藏品这种准精神文化资源的保护和利用,并进行创造性转化,形成数字文化产品,这是文化资源价值衍生性的生动案例。

图3-1-5 "云中绣吧"刺绣数字博物馆页面①

四、公共性和私人性

依据文化资源的产权归属,文化资源具有公共性和私人性;依据文化资源的利用目的,又有公益性与营利性之分。所谓产权归属,指该资源是归国家所有、社会集体所有还是归个人所有。公共性文化资源的产权归属于国家或集体。这种文化资源的价值主要体现在传承国家、民族文化,满足公众精神文化需要等方面;同时,这种资源的形成、维护需要巨大的成本,而又无法向大众收取过高的费用,无法通过市场方式完全弥补成本。私人性的文化资源由私人所有,例如民间收藏的文物。这种文化资源具有较强的竞争性或者排他性,可以由私人生产出来、为私人拥有,并投入生产加以利用,也可通过收费授权的方式允许他人使用、获得利益。

文化资源可转化为文化产品、文化服务,并形成一定的文化IP(intellectual property)。文化IP是指具有较大影响力的文化产品或文化

---

① 图片来源:https://mp.weixin.qq.com/s/yRYCEUpqQhv1jOuIP5XOPg。

形象。首先,文化 IP 的开发需经历商品化过程,将文化资源转化为实体或数字文化产品,以实现其经济价值的变现,这也是文化 IP 在当代创造经济价值,获得影响力的来源。同时,原生的数字文化产品同样具备强大的市场潜力,可以通过开发对应的实体或数字周边产品来变现。其次,文化 IP 在开发过程中必须遵守知识产权规定。比如,使用文化 IP 需取得授权。再次,文化 IP 在开发过程中也会面临当代市场的检验,如 IP 的人设内容、价值导向、想象空间等能否满足现代消费需求,这也决定着文化IP 塑造的最终成效。最后,文化 IP 的开发过程也是文化资源符号化的过程。当文化 IP 背靠丰富的文化知识体系,则可通过深度挖掘实现 IP 的可持续开发和利用。

【案例】
陕西华县皮影的跨界合作与衍生开发

皮影戏又称"影子戏",是中国民间广泛流传的傀儡戏之一,一般以兽皮或纸板做成人物剪影,在灯光照射下用隔亮布进行表演。陕西华县皮影传唱千年,颇为有名,被列入国家首批非物质文化遗产名录。汪天稳是陕西华县皮影戏皮影制作技艺国家级代表性传承人,从事皮影雕刻50余年,创作了大量作品(见图3-1-6)。汪天稳及其子女近年来创新皮影技艺传承发展的路径,通过 IP 授权的方式开展跨界合作,实现价值衍生。例如,与"凯迪拉克"(见图3-1-7)、"W 酒店"等品牌合作,制作皮影版品牌标志并通过视频方式传播皮影文化;与"劲霸男装"(见图3-1-8)等合作,将皮影图案应用于现代服装设计;还与《魔域(口袋版)》(见图3-1-9)等网络游戏合作,用皮影技艺制作游戏人物,使皮影技艺及其文化在网络虚拟世界得以延续。

图 3-1-6　威尼斯双年展中国馆的汪天稳作品①

图 3-1-7　华县皮影×凯迪拉克②

图 3-1-8　华县皮影×劲霸男装③

---

① 图片来源：https://www.163.com/dy/article/DFHPQOD10516C53P.html。
② 图片来源：https://mp.weixin.qq.com/s/C1T3bd6vaui5t_ckBHfvsw。
③ 图片来源：https://mp.weixin.qq.com/s/riKwf9jiUYpXwb1U1y25NA。

图 3-1-9　华县皮影×《魔域(口袋版)》①

思考题 1：

请结合文化资源的某一属性，简要分析陕西华县皮影的跨界合作案例。

思考提示：

文化资源的属性：无形性、有形性、持续性、再生性、价值衍生性、公共性、私人性。

思考题 2：

有记者说：故宫博物院、上海博物馆等"衍生品"的成功打造，就是"有根"的文化创意，请简要谈谈你对这句话的理解。

思考提示：

"衍生品"在文博领域又叫作文物文创产品。

---

① 图片来源：https://game.sohu.com/a/592473141_115729。

第二节 文化资源的形成机制

当我们深入理解了文化资源的属性后,再来思考文化资源的形成过程。文化资源的形成有两个基本条件,一是精神内容的价值属性,二是精神内容和物质载体的结合方式。其一,文化资源的价值属性是其形成的基础。并非所有的精神产品都能够成为文化资源,只有具备一定价值且这种价值被广泛认可,比如具有可利用、可开发的使用价值,才能从精神产品升级为文化资源。其二,精神内容与物质载体结合的方式是文化资源形成的必要条件。在不同的时代背景和地域特色下,文化资源会与不同的载体以不同的方式相结合,这种结合产生了文化资源的多样性与可持续性。

一、文化资源的价值属性

精神内容的价值属性是文化资源形成的基础。而文化资源的价值属性主要有三类,即时代性、阶层性以及地域性。

(一) 时代性

不同时代的精神内容,包含着不同时代的思想智慧、价值观念、社会习俗,且以特定的艺术表现形式予以表达、保存和传承,形成了不同形式的文化资源。

【案例】
欧洲古建筑风格的演进

从欧洲古建筑风格的演进历程中,我们可以窥见文化资源的时代性特征。纵观欧洲古建筑史,其建筑风格可较为清晰地划分为几个阶段:古希腊时期,古典柱式建筑成为该时期建筑的典型风格,其中雅典卫城更是集中古希腊建筑艺术与雕刻技术之大成。古罗马时期,拱券结构是最显著的建筑特征,拱券技术使建筑更为坚固和实用,著名的古罗马斗兽场的环形券廊即采用拱券支撑,其独特的建筑风格也成为古罗马文明的象征。中世纪时期,东罗马建筑继承罗马建筑风格,同时融合了波斯、叙利亚以及两河流域等东方建筑文化,形成拜占庭建筑风格,建筑普遍使用"穹窿顶",内饰以马赛克镶嵌画为主,威尼斯圣马可教堂是这一建筑风格的典型代表;欧洲西部则在古罗马建筑基础上形成了哥特式建筑风格,屋顶为尖拱,而非圆拱,典型的代表如巴黎圣母院(见图3-2-1)、科隆大教堂,屋顶的尖拱高耸入云,是中世纪时期哲学及美学思想在建筑中的反映。文艺复兴时期,一方面强调建筑的复古、古典韵味,复兴古典柱式建筑,另一方面则突出科学性与严谨性,如佛罗伦萨圣母百花大教堂、罗马圣彼得大教堂等。

图3-2-1 巴黎圣母院[1]

到了近现代,风格更趋多元化,出现了巴洛克建筑、洛可可建筑、新古典主义建筑等。巴洛克建筑以不规则形状、不完整的构图为特点,如意大利圣卡罗教堂、巴黎凡尔赛宫;洛可可建筑主要采用不对称、弧线以及S形曲线,如巴黎凡尔赛宫镜厅;新古典主义建筑则兼具实用性与古典性,追求典雅、庄重与和谐,强调对色彩的弱化,如柏林的勃兰登堡门。

---

[1] 图片来源:https://www.notredamedeparis.fr/。

（二）阶层性

不同社会阶层的精神诉求、审美情趣不同,创造的文化内容与艺术表现形式也不相同,形成了不同形态的文化资源。

【案例】
院体画、文人画与民间画

从中国古代的院体画、文人画与民间画的形态差异,即可感知阶层性对文化资源形态的影响。

以院体画《唐人宫乐图》为例(见图3-2-2),这是一幅工笔重彩的仕女画。后宫女眷十二人环案适坐,品茗、行酒令。图中四人吹乐助兴,所持用的乐器,自右而左,分别为筚篥、琵琶、古筝与笙,侍立的二人中,复有一女击打拍板,以为节奏。坠马髻、垂髻、花冠为唐代女子打扮。画面中央是一张大型方桌,中央放置一只很大的茶釜(即茶锅),画幅右侧中间一名女子手执长柄茶杓,正在将茶汤分入茶盏中。她身旁的那名宫女手

图3-2-2 (晚唐)佚名,《唐人宫乐图》(局部)①

---

① 绢本设色,48.7厘米×69.5厘米。现藏于台北故宫博物院。

持茶盏,似乎听乐曲入了神,暂时忘记了饮茶。对面的一名宫女则正在细啜茶汤,侍女在她身后轻轻扶着,似乎害怕她醉茶的样子。

《唐人宫乐图》完成于晚唐,正值饮茶之风昌盛之时,茶圣陆羽的《茶经》便完成于此时。回顾中国饮茶方法的源流,唐朝以前属于粗放式煮饮法,即煮茶法。而陆羽在《茶经》里极力提倡煎茶法,他的煎茶法不但合乎茶性、茶理,而且具有一定的文化内涵,一经推出,立刻在文人雅士甚至王公朝士之间得到了广泛的响应。从《唐人宫乐图》中可以看出,茶汤是煎好后放到桌上,此前的备茶、炙茶、碾茶、煎水、投茶及煮茶等程式应该由侍女们在另外的场所完成;饮茶时用长柄茶杓将茶汤从茶釜盛出,舀入茶盏中饮用。茶盏为碗状,有圈足,便于把持。可以说这是典型的"煎茶法"场景的部分重现,也是晚唐宫廷中茶事昌盛的佐证之一。院体画风格多以工整细腻、细节繁复而写实逼真为主。院体画在宋朝最为鼎盛,例如,王希孟《千里江山图》、顾闳中《韩熙载夜宴图》等。

《水仙图卷》(见图 3-2-3)是南宋赵孟坚的作品,属于典型的文人画。晚宋诗书画兼擅的宗室赵孟坚是墨笔水仙的鼻祖,他酷爱水仙,对水

图 3-2-3 (南宋)赵孟坚,《水仙图卷》(局部)①

---

① 纸本,25.6 厘米×675 厘米。图片来源:https://www.tjbwg.com/cn/collectionInfo.aspx? Id=2546。

仙形态体察细致,这种酷爱有了文人雅好贯穿其中,使得自然界的水仙具有了诗意色彩。赵孟坚还借鉴了院体画的优秀技法,融入了文人画的情感特质与文化内蕴,创作出了别具一格的文人墨笔水仙。此外,像黄公望《富春山居图》、郑板桥《竹石图》都是具有代表性的文人画。文人士大夫创作此类画卷来进行自我抒怀,一般不追求颜色的鲜艳或者富丽堂皇,追求的是情感和心境的表达。

扫描下方二维码,欣赏天津博物馆馆藏《水仙图卷》:

杨柳青的古版年画《暖香坞雅制春灯谜》(见图3-2-4)为民间画,描绘红楼梦第五十回中众人赶制灯谜以讨贾母欢心的情节。杨柳青的古版年画色彩鲜艳、饱和度高,画面充实,多以民间生活为内容和题材,比如民间故事、戏曲题材以及寓意吉祥的祈福图案等。

图3-2-4 杨柳青古版年画《暖香坞雅制春灯谜》[①]

[①] 清嘉庆木版年画,62厘米×107.5厘米。图片来源:https://www.namoc.org/。

中国各地都有木版年画,如河北武强年画、山东杨家埠年画、四川绵竹年画、河南朱仙镇年画等。其中,河北武强年画构图丰满、线条粗犷,充满节俗特色,经绘、刻、印等工序制作,着重头部和眼睛,"鱼钩鼻子单框眼,淡施脂粉懒画眉""十斤狮子九斤头",画面饱满无空闲。年画具有非常明显的民间化特质,既是农耕社会的艺术代表,也是民俗生活的大观园。

(三) 地域性

不同地域、民族的文化资源受自然因素和社会因素的影响也会有所不同。多样化的民间文化传统,创造出各具特色的文化资源。不同地区和民族的文化资源会产生不同的表现形式和艺术风格。

不同的地域自然环境会导致人们的用色习惯不同。以新疆维吾尔自治区为例,从色彩明度看,新疆各民族大多喜欢鲜艳、亮丽、纯净的颜色,不太喜欢调和色;喜欢对比强烈的色彩搭配,有时还会用金、粉来提高亮度;从色相上来看,新疆各民族尤其喜欢红、蓝、绿、白等色,这与当地空气纯净度高、光照强烈的气候因素有关,也与雪山、蓝天的肃穆,以及黄沙、戈壁、大漠色彩的单调有关;此外,也与各民族的用色传统习惯有关。

【案例】
艾德莱斯

艾德莱斯丝绸是新疆的特色丝绸(见图 3-2-5),主要的颜色有黄色、红色、绿色和黑色,色系相对单一,风格非常鲜明。在制作技艺上,区别于江浙地区等传统丝绸产地的染色方式,艾德莱斯采用的是扎经染色技术;在图案使用上,艾德莱斯多采用花卉、枝叶、巴旦木、苹果、梨等植物图案,木梳、流苏、耳坠、宝石等饰物图案,木锤、锯子、镰刀等工具图案,以及热瓦甫琴、都塔尔琴等乐器图案,另外还有栅栏、牛角等图案,这些图案元素与新疆的自然物产、生活方式息息相关,也成为其特色的来源。

图 3-2-5 艾德莱斯丝绸①

扫描二维码,查看艾德莱斯资料:

二、精神内容和物质载体结合的方式

(一)文化资源形成的基本条件

不同的时代、地域以及文化阶层,其文化资源形成的基础都各有不同,精神内容和物质载体也会有所差异。精神内容的价值属性,决定着文化资源形成的基本条件。

以剪纸为例。剪纸技艺是我们日常生活中常见的艺术形式。而在纸发明之前,人们以树叶和皮革为媒介,将精神追求寄托其中。如今,当我们看到在树叶上画画、在皮革上雕刻的作品时,是否会联想到其与剪纸的

---

① 图片来源:https://www.ts.cn/topic2020/whzt/xjccadlsc/。

关系？剪纸最早用于祭祀、丧仪等场合,后来才以窗花等形式用于装点生活,在满足审美价值的同时仍旧具有朴素的祈愿意义。

【案例】
剪纸传承人李福才

河南鲁山的李福才是一个农民,自小爱好剪纸,其剪纸作品多以农耕为题材,艺术风格古朴,乡土气息浓重。李福才从不打稿构图,搭纸即剪,作品结构布局却能恰如其分;临场创作思路极其敏捷,题一叫出,胸有成竹,顺手成章,题意确切,有形有神;且同一题材表现手法各异,同一命题从无重复作品出现(见图3-2-6)。从这一案例可见,文化资源的形成具有显著的地域及文化背景特点。

图3-2-6 李福才及其剪纸作品[①]

同样,我们也可以从不同版本的《清明上河图》中,看到不同时代、地

---

① 图片来源:https://wglj.pds.gov.cn/contents/12740/263285.html。

域及社会阶层对文化资源形成的影响。

【案例】
不同版本的《清明上河图》

说到《清明上河图》，人们可能马上想到的就是北宋的张择端。事实上，中国古代有数幅不同版本的《清明上河图》，包括北宋的张择端、明代的仇英，还有清代的宫廷院本等。不同版本《清明上河图》中承载着不同的历史文化信息，呈现出不同时代民间生活的风貌。

张择端版的《清明上河图》（见图3-2-7）表现的是北宋时期汴京（现河南开封）的繁荣景象。画面上有草棚凉亭、木制虹桥、夯土城墙，呈现的是北宋城市的建筑风貌。同时，汴京属于北方城市，因此在画面中，汴河两岸有许多骆驼、毛驴以及牛车等交通工具，这与当时当地的社会风貌相符合。

图3-2-7 （北宋）张择端，《清明上河图》（局部）①

---

① 绢本淡设色，24.8厘米×528厘米。图片来源：https://www.dpm.org.cn/collection/paint/228226。

扫描二维码，查看故宫博物院馆藏张择端的《清明上河图》：

明代仇英的《清明上河图》(见图 3-2-8)描绘的是江南苏州平江地区的景象，相较于张择端版本，此画卷呈现的是木制凉亭、石拱桥，远处的城墙也变为包砖城墙，这与当时城市的建筑风格相吻合。画面中的河是京杭大运河而非汴河，两岸的动物与交通运输工具也变为了羊群与马群。尤其是河两岸的店铺招牌，都是江南地区各种各样的城市手工艺，如裱画、染坊、书店等。实际上，此版的《清明上河图》完全与仇英的生活环境相对应，作为与祝枝山、文徵明、沈周并称的"明四家"之一，其主要生活在江南苏州地区，这使得其绘画内容相较于张择端版本，呈现很大差异。

图 3-2-8 (明)仇英,《清明上河图》(局部)[1]

---

[1] 绢本设色,30.5 厘米×987.5 厘米。图片来源：https://www.lnmuseum.com.cn/#/home。

宫廷院本的《清明上河图》(见图3-2-9)创作于清代乾隆年间,旨在反映乾隆盛世的景象。画面中的城市及河两岸景象相较于前两个版本又有不同。随着明清戏剧游艺的发展,画面中出现了猴戏、打擂台等杂耍场景,呈现出清代民俗生活的大观园。

图 3-2-9 《清明上河图》,清宫廷院本①

(二)文化资源形成的必要条件

精神内容与物质载体结合的方式是文化资源形成的必要条件。而精神内容与物质载体的结合方式取决于三个方面:当时、当地的物质材料和技术条件,当时人们的思想智慧、价值观念,当时社会的制度、法律等。

【案例】
陶与瓷

中国人口中的"陶瓷"实际上是陶器和瓷器的合称(见图3-2-10)。瓷器由陶器发展而来,二者在原料、烧制温度以及施釉等方面皆有所不

---

① 绢本设色,35.6厘米×1152.8厘米。现藏于台北故宫博物院。

同。在原料方面,陶器原料以黏性较高、可塑性较强的黏土为主,黏土具有吸水性;瓷器则以黏土、长石以及长石英制成,胎质更为坚挺。在烧制温度方面,瓷器温度远高于陶器。在施釉方面,陶器通常不施釉或只施低温釉;瓷器会在表面施以高温釉,胎釉结合牢固、厚薄均匀,使得表面更为光洁。从人类科学技术条件的发展历程来看,陶器在新石器时期即广泛使用,是当时重要的汲水、储存以及烹饪工具。进入商朝,原始青瓷才出现,而真正意义上的瓷器出现于汉代。由此可见,文化资源的精神内容与一定时期的物质材料和技术条件等息息相关。

图 3-2-10　陶器与瓷器①

第三节　文化资源价值形成的过程

一、文化资源价值生产和积累过程

精神生产,指将人类的精神活动外化、物化,文化资源最初的价值得以创造。文化资源价值的创造还需具备一些必须条件,包括横向的社会认同与广泛传播、纵向的社会记忆和持续传承等。并且,文化资源强化认同与传

---

① 图片来源:https://www.163.com/dy/article/FG7S1IS905339P7A.html。

承的过程,也是价值积累的过程。其中同质性内容不断叠加积累,异质性内容则在相互碰撞交流中融合发展,文化资源不断被注入新的文化内容,实现了文化资源价值的增值。文化资源投入再生产,这也是文化资源形成新的价值甚至形成新的文化资源的过程。此外,文化资源还可转化生成资本、人力资源、旅游资源、数据资源等其他经济社会资源(见图3-3-1)。

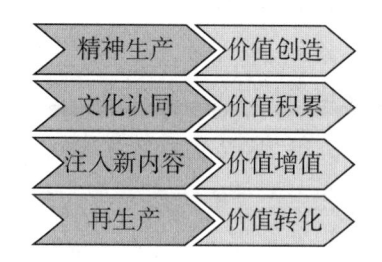

图3-3-1 文化资源价值生产与积累过程

精神生产 → 价值创造
文化认同 → 价值积累
注入新内容 → 价值增值
再生产 → 价值转化

二、从文化资源价值转化到文化软实力

文化资源与文化软实力密切相关,因为对资源持有者而言,文化资源向内可转化为凝聚人心的文化认同,向外则可实现文化输出。

以电影为例,从好莱坞电影开始,人们意识到文化资源价值转化的巨大力量,它影响着经济社会的方方面面,成为文化软实力的重要体现。例如在《流浪地球》热映期间,一位中国台湾的教授参加节目时讲到这样一段话:"在这20年间我常去大陆演讲,发现大陆的经济已快速发展,文化软实力也高速起飞。大陆更厉害的是底蕴。欧洲文艺复兴时,思想家们汲取并融合了一千年前的苏格拉底等哲人智慧,以及古希腊和古罗马文明,从而孕育出了崭新的思想火花。而在中国,将浩瀚无边的古籍、诸子百家的文化等历史底蕴融入新兴的科技里面,与时代结合,这样能够缔造出来的文化和创意是无法想象的。"由《流浪地球》这一当代文化产品,人们可以感知到产品背后所蕴含的文化资源的价值及这些价值在转化过程中展现出的巨大潜力。而对于文化产品而言,文化资源与创意的结合、文化资源与科技的结合,就是文化资源转化为文化软实力并发挥其价值的可行路径。

三、从文化资源到文化生产力

(一) 文化资源是文化形成生产力的中介

文化一旦具有了经济价值,文化和经济就会发生互动关系。图3-3-2说明了从文化到文化生产力的关系。

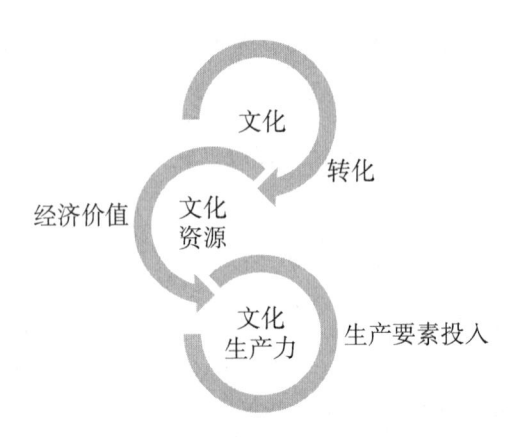

图3-3-2 从文化到文化生产力的关系图

文化资源处在文化和文化生产力之间,文化资源是文化形成生产力的中介。从文化到文化资源有一个转化的过程,具备一定价值的文化可转化为文化资源。文化资源转化为文化生产力还需要三要素的投入,包括人的文化生产和创造能力、所需技能和工具,以及必不可少的物质材料等。但需要注意两点:一是文化生产力有时会超过特定时期和地域的生产力水平,文化生产力并非完全被生产力水平支配。二是科学技术可以提高文化资源转化为文化生产力的效率。比如,更多文化资源被文化生产者所共享和利用,文化资源价值生产也随之提速。

(二)文化生产力是文化资源价值的决定因素

文化生产力是文化资源价值形成的原因,也是文化资源价值的决定因素。影响文化生产力的三个要素包括文化资源生成阶段的价值水平、积累阶段的保护传承水平以及再生产阶段开发利用的水平。

其中,文化生产力决定文化资源价值的开发水平。当代文化产品生产者所具有的知识、技能和审美等是决定文化再生产质量的关键因素,关系着文化资源的合理利用水平和科学开发水平。同时,物质技术条件也在影响着文化资源的价值开发,鼓励新技术、新创意等运用于文化资源的开发,就可以创新文化生产的方式,让文化资源价值不断增值和转化。

【案例】
腾讯参与故宫博物院文化遗产的保护和利用

故宫博物院和腾讯公司于 2019 年 9 月签署战略合作协议,展开了多轮深度合作。故宫博物院文化资源丰富,是中国最大的文化 IP 之一;腾讯公司则是技术密集型科技企业。两者间的合作就是文化资源与科学技术在当代的一种协同共创。

扫描二维码,观看故宫博物院与腾讯公司合作项目《古画会唱歌》短片:

故宫博物院与腾讯集团合作建立了"故宫·腾讯联合创新实验室",通过大数据、云计算、数字孪生、人工智能等技术,为文物数字资源的智能化生产和管理提供技术支撑。比如推出的"纹"以载道——故宫腾讯沉浸式数字体验展,将故宫文物中的纹样进行提取、转化和展示,观众可在沉浸式体验中深入感受中国传统文化的魅力。

思考题 1：

你都了解过哪些文化资源,有没有对某类文化资源很感兴趣,并且想要介绍给大家？尝试向同伴简单介绍。

思考提示：

提示:文化资源是人类精神活动创造,并被广泛认知、可资利用的资源类型。

思考题 2：

简要梳理一个腾讯参与保护利用文化遗产的具体案例做法。

思考提示：

文化与科技相结合,技术应用于文化遗产的保护、利用与开发的过程。

第四节　文化资源价值评估

一、文化资源价值的多重属性

文化资源具有多重价值,既包括经济价值,又包括文化价值和社会价值等(见图3-4-1),因而对其价值的界定也十分复杂,有时需要分解不同价值予以评估后再进行综合判定。

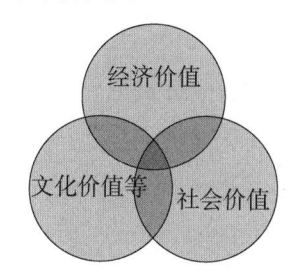

图3-4-1 文化资源的多重价值

（一）经济价值、市场价值——使用价值

文化资源不仅是文化生产的投入要素,也是一般性物质生产的投入要素,经过加工和改造,可为文化产品和一般性产品注入经济价值。为一般性产品注入文化附加值的过程被称作"产业文化化"(见图3-4-2)。近年来,"产业文化化"渐成趋势,越来越多文化资源通过不同方式融入一般性物质生产中,发挥的作用也在不断增加。"产业文化化"为文化资源提供了更为广阔的应用场景,也为一般性产品注入了新的价值。并且观

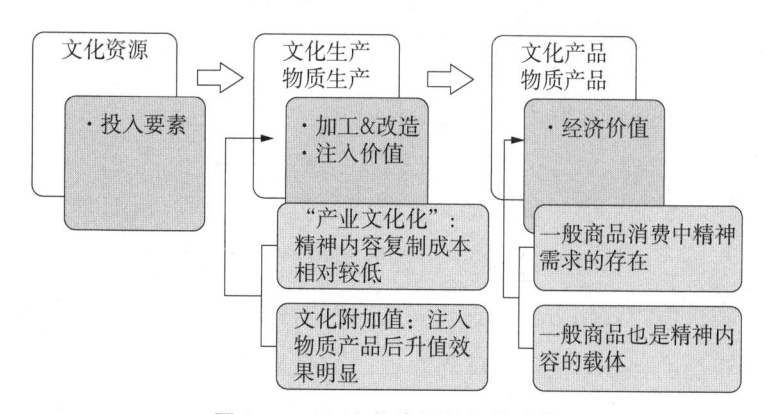

图3-4-2 文化资源的经济价值

察可见,精神内容复制成本相对较低,但注入物质产品后的升值效果又是较为明显的。经济价值、市场价值都隶属于文化资源的使用价值。

(二) 文化价值、历史价值、社会价值——非使用价值

文化资源的文化价值、文化研究价值、社会价值都是其所拥有的非使用价值(见图3-4-3)。文化资源的文化价值可为国家、民族以及所在地区的人们提供文化身份和文化记忆;历史价值侧重于为专业研究层面提供考证依据,以及提供大众教育层面的通识普及;社会价值则主要是可利用文化资源来实现公共服务和社会教育。比如,文化著作权资源就有定期免费开放供公众使用的规定,文学作品只拥有50年的独占权,当然署名权等精神权利期限是无限制的。

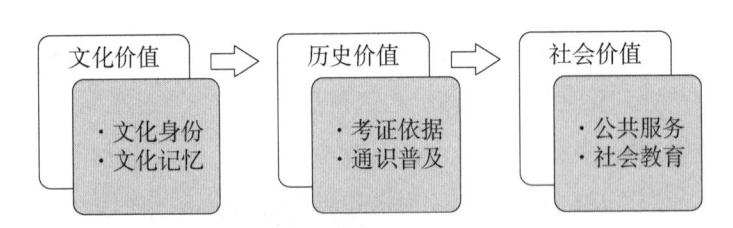

图3-4-3 文化资源的非使用价值

二、文化资源价值评估的复杂性

文化资源具有多元价值且其价值属性具有多重性,因而其价值评估具有复杂性。评估时,我们通常区分使用价值和非使用价值,下面分别介绍两大类价值的评估方法。在现实中,评估目的往往复杂而全面,既要考虑文化资源的保护,特别是当资源处于濒危状态时,保护应成为首要考虑;又要兼顾资源的开发潜力,如开发周期、投入规模及经济回收周期等问题。在进行文化资源开发前,通常需要经过一系列的评估和决策程序,

而后决定是否可以对该资源进行开发。

(一) 文化资源非使用价值的评估

文化资源的非使用价值包括资源的社会价值、文化价值、研究价值等,又称作内在价值或存在价值,指事物本身内在固有的、不因外在的其他事物而存在或改变的价值。条件价值法(contingent valuation method, CVM)是评价非使用价值的主要方法,通过询问人们为文化资源保护与修缮愿意支付的数额(WTP),或因文化资源损失愿意接受的赔偿数额(WTA)来评估文化资源的非使用价值。条件价值法经常运用于文化遗产地等旅游景区的定价。

条件价值法应用步骤通常分为三步:第一,通过构建假想市场从而获知人们的支付意愿。假想市场要尽可能接近真实的支付市场,在问卷、访谈调查之前,要向调查对象科普文化资源知识并告知可持续保护与利用的重要性;第二,开展市场调查,通过问卷或访谈提供调查对象相关信息,让调查对象对文化资源进行评价,通常给出支付价格区间让调查对象选择,并且要调整到合适的金额范围;第三,将问卷或访谈采集数据通过公式计算,以此预测 WTP 或者 WTA。

【案例】
农业遗产"福州茉莉花种植与茶文化系统"的非使用价值评估

2014 年,福州茉莉花种植与茶文化系统被列入全球重要农业遗产。福州市及周边地区自古以来在闽江江边沙洲种植茉莉花,在高山上种植茶叶,形成了湿地茉莉花—山地茶园的循环有机生态农业系统。相关团队就该遗产的非使用价值进行调查,其中核心问题是:

如果为保护福州茉莉花种植与茶文化系统农业文化遗产支付一定的资金,比如建立保护基金会或向政府交纳一定的税款,您愿意每年为此支付的金额是_____元。

A. 0元　B. 3元　C. 5元　D. 10元　E. 15元　F. 20元　G. 30元　H. 50元　I. 80元　J. 100元　K. 200元　L. 300元　M. 500元　N. ＞500元(请标明金额)_____。

开展预调查后,调查结果显示:公民支付意愿值在0—500元之间,但总体偏低,主要分布在0—50元的区间。

为改进调查,正式问卷调整了实施细节:从"500元以上"依次往下询问至"0元",直至受访者确定选项为最大支付意愿值为止。若受访者支付意愿值为0元,则进一步询问不愿支付的原因。

非使用价值的评估通常需要开展综合评估,采取综合指标评价法,即专家打分法、田野调查法、问卷调查法等方法进行综合评价。其背后是不同类型文化资源的评价体系,无论是观察、访谈还是问卷调查,背后都有针对性的资源调查指标清单,比如:存续状态指标、资源区位指标、资源价值指标、资源可持续指标等。综合指标评价法的基本步骤为:明确评价对象,建立评价体系,确定定性与定量评价价值,确定评价指标权系数,确定指标间的合成关系以求得综合评价值,最后根据评价结果等进行系统分析和决策。

(二) 文化资源使用价值的价值评估

文化资源的使用价值包括经济价值、市场价值等,是文化资源可被利用和开发的价值焦点,可量化评估。使用价值的评估方法有成本法和收益法。

成本法是指将一定时期内对文化资源开发利用过程中所发生的费用(包括保护支出),按其性质和发生地点进行分类、汇总及核算,计算出该时期内发生的费用总额,作为确定资源使用价格的依据。部分文化资源的开发需遵循"成本＝资源消耗成本＋保护支出＋开发支出"的公式。如国家文物局印发的《文物建筑开放导则》第十八条提到："用于经营性的开放使用活动收益应有一定比例用于文物建筑的日常保养维护。"[1]文化产业、旅游业需要将文化资源本身消耗的"成本"计算在成本之中，而非只基于开发过程，根据开发支出成本测算资源使用价格。在可持续发展的资源观念下，成本的考量不仅局限于对人类劳动消耗的补偿，更要充分考虑资源的消耗、破坏的修复成本，以及更新或复制的费用。尤其是文化资源依赖型产业的成本不仅是开发资源所投入的资金耗费，还应计算文化资源的初始价值，把资源消耗、使用、保护的补偿价值等纳入其中。将资源成本纳入开发成本的构成范围，将资源效益纳入项目效益的考核标准，才能做到资源、成本、效益三结合，企业微观利益与社会宏观利益相统一，实现文化资源的有效保护和可持续利用。

收益法又叫现金流折算法，就是将文化资源作为资产，将对文化资源的利用看作一个项目，去定量地计算这一项目所产生的经济效益（见图3-4-4）。

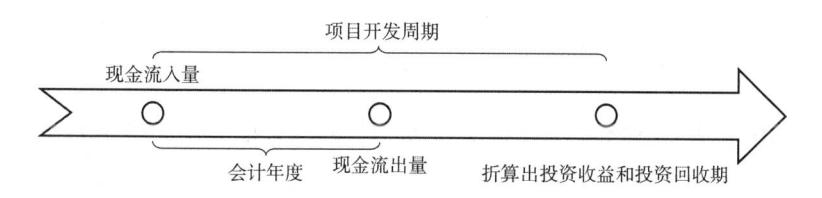

图 3-4-4 现金流折算法

【案例】
文化创意产品如何定价

利用文化资源开发文化创意产品，可否依据成本法或收益法定价？

---

[1] 国家文物局：《文化建筑开放导则》，参见 https://www.gov.cn/zhengce/zhengceku/2020-01/17/content_5470062.htm。

实际上,在文化创意产品定价中有以下几个不确定的因素:第一,供求不确定性。即在开发一个文创产品时往往很难去估算其市场反响和需求量,前期市场调研是重要的预估方式,但仍存在不确定性。第二,收入不确定性。关于创意的价值,比尔·盖茨曾这样说:"创意犹如原子裂变,每一盎司的创意都能带来数之不尽的商业奇迹和商业效益。"据测算,在工业产品外观的创意性设计上每投入1美元,就可能产生1500美元以上的收益。从此角度来看,传统的收益还原定价方法并不适用于创意产品的定价。第三,知识产权价值难以评估。文化创意产品创业者拥有相对难以评估的无形资产,是所谓"轻资产"的特性。因为无形资产缺少完善的知识产权评估体系,在创意产品或创意项目投放市场前,传统的信贷体制还不能够为创意企业融资提供足够通畅的渠道。第四,创意产品的易复制性。即某一类型的文创产品在市面上出现后,很快就有同类的创意产品产生。后来出现的产品没有创意设计研发费用,定价通常比初创产品要低,对初创的创意产品造成巨大冲击。

具体而言,"消费中学"在这一过程中发挥了重要作用。某一种特定的文化创意产品会培养出消费者的一个消费习惯,让消费者在消费这种产品时形成稳固的路径依赖,无形中增加了消费者的机会成本,这就是"消费中学"。因而文化创意产品具有一定的垄断性。但文化创意产品又有"知识溢出"效应,消费者对产品的文化创意有所了解后,会寻求更多包含该类文化创意信息的其他产品,这又使该产品变得可替代,因而文化创意产品同时具有垄断性与可竞争性。

根据以上特点,对文化创意产品的定价可以参考的方法有同类型类比定价法、稀缺型拍卖定价法、热卖型竞标定价法、体验式最低定价法等。同类型类比定价法,即参考同类文创产品的定价范围进行定价。稀缺型拍卖定价法,即以稀缺为由采取拍卖定价方式,形成出价竞争。热卖型竞标定价法,即以热卖为由采取竞标定价方式,价高者得。体验式最低定价法，又被称为文化产业的"免费策略"，比如部分娱乐公园、快闪空间等给消费者一个很低的价格吸引其去体验，等消费者产生爱好后，会自发持续消费。此外还有互动型定价、高价限购、饥饿营销等定价与营销策略。

假设净收益每年不变，公式如下：

$$V = \frac{a}{r}\left[1 - \frac{1}{(1+r)^n}\right]$$

- V：资源的价格
- a：对资源开发每年产生的收益
- r：折现率
- n：开发期限

在通过收益来计算资源的价格时，折现率是指将未来有限期的预期收益折算成现值的比率，主要用于有限期预期收益的现值还原；这一比率通常包含了无风险利率、风险报酬率以及通货膨胀率。这解释了明年的100元和今年的100元在价值上存在差异，即所谓的时间价值。

假设我们要对某个文化资源项目进行开发，开发期限是10年，每年收益为100万元，折现率为10%，则文化资源使用价值层面的价格可按照下列公式进行计算：

$$V = \frac{100}{10\%}\left[1 - \frac{1}{(1+10\%)^{10}}\right] \approx 614.46 \text{ 万元}$$

思考题：

冯友兰在《中国哲学简史》中说："儒家以艺术为道德教育的工具。"结合课程，你怎么理解这句话？

思考提示：

艺术在此作为承载精神内容的载体和媒介，也作为德化工具，融合了儒家思想。

计算题：

某地利用某一历史建筑开发文化旅游项目，每年收益为1000万元，开发期限为10年，假设折现率为10%，这一文化资源的使用价格是多少？

提示：

$$V = \frac{a}{r}\left[1 - \frac{1}{(1+r)^n}\right]$$

第四章 | 可移动文物和博物馆

- 第一节　可移动文物和文物收藏
- 第二节　博物馆

第一节　可移动文物和文物收藏

一、可移动文物

可移动文物的保护，包括文物收藏、文物资源普查、流失文物追索和文物修复等。博物馆是重要的文物收藏、保管与展示的机构，当然它也是文物资源普查的对象，博物馆内还拥有一支专业从事文物修复工作的队伍。

（一）什么是文物

文物是人类历史上创造的物质遗存，它有两个基本特征：一是必须是由人类创造或者是和人类活动直接相关的；二是产生于过去，而非当代的创造。"文物"词义的演进历史如图4-1-1所示。

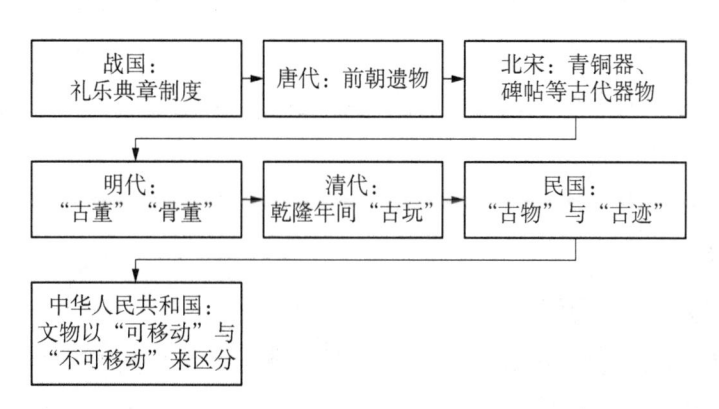

图4-1-1　"文物"词义的演进历史

"文物"是中国特有的名词，其词义经历多次演变。战国初期，"文物"指礼乐典章制度；唐代的"文物"指前朝的遗物；北宋时，"古物"指青铜器、碑帖、石刻等古代器物；明代出现了"古（骨）董"一词；清朝乾隆年间，

"古玩"一词流行开来,出现了古玩市场;民国时期①,"古物"和"古迹"的概念有了明确的区分,古物是指可移动的文化遗存,古迹则指不可移动的文化遗存;中华人民共和国成立后,《中华人民共和国文物保护法》于1982年颁布,"文物"成为一个法定概念②,2002年重新修订该法时,对文物的内涵做出进一步的细化,明确将文物分为可移动文物和不可移动文物。

(二) 什么是可移动文物

可移动文物包括馆藏文物和民间收藏文物,可以通过外力移动,且移动后不改变其价值和性能。根据《中华人民共和国文物保护法》中的相关表述,可移动文物主要包括以下三类:

(1) 历史上各时代珍贵的艺术品、工艺美术品;

(2) 历史上各时代重要的文献资料以及具有历史、艺术、科学价值的手稿和图书资料等;

(3) 反映历史上各时代、各民族社会制度、社会生产、社会生活的代表性实物。

其中,具有科学价值的古脊椎动物化石和古人类化石参照可移动文物来保护。

【案例】

成都博物馆里的陶俑

成都博物馆所收藏的各时代的陶俑,数量大且历史、艺术等价值丰富。最有代表性的是东汉时期的陶俳优俑,俗称"说唱俑",图4-1-2是成都博物馆中正在展出的两件,还有一件藏于国家博物馆。陶俳优俑的

---

① 1930年民国政府颁布《古物保存法》,明确规定:"本法所称古物是指与考古学、历史学、古生物学及其他与文化有关之一切古物而言。"
② 1982年全国人民代表大会颁布《中华人民共和国文物保护法》,文物成为法定概念。

表情极为夸张,眉眼带笑,甚至笑出了抬头纹。这些陶俑出土于四川地区的东汉墓中,表明当时该地说唱表演的形式颇为流行;陶俳优俑塑造栩栩如生,具有很高的艺术价值。

图 4-1-2　东汉陶俳优俑

此外,东汉时期的陶汲水俑(见图 4-1-3)、陶舞俑(见图 4-1-4)、陶抚琴俑(见图 4-1-5)等,面部表情都透露着热情、奔放的性格特征,是该地该时期社会生产与日常生活的生动佐证,同时兼具一定的艺术价值。

图 4-1-3　东汉陶汲水俑　　图 4-1-4　东汉陶舞俑

此外,成都博物馆还收藏着不少唐末五代十国后蜀时期的彩绘陶伎乐俑(见图4-1-6),出土于赵廷隐墓。赵廷隐墓发掘出土的这批乐舞俑,生动再现了这一时期乐舞文化的景象,蜀乐、蜀戏风行一时。成都博物馆馆藏各时期的陶俑,其表情特点又印证了川人自古以来的达观性格。

图4-1-5 东汉陶抚琴俑　　图4-1-6 后蜀彩绘陶伎乐俑

扫描二维码,欣赏成都博物馆陶俳优俑:

二、文物收藏

文物收藏是对文物的有效保存和保护,这一行为与文物鉴定直接相关。在我国,文物定级体系将文物分为不同等级,而不同等级又有不同的保护要求,例如修复的相关规定。

我国文物藏品可分为珍贵文物和一般文物。博物馆、纪念馆等文物收藏单位需对收藏的文物进行等级区分,设置藏品档案。具有特别重要历史、艺术、科学价值的代表性文物为一级文物;具有重要历史、艺术、科学价值的文物为二级文物;具有比较重要历史、艺术、科学价值的文物为三级文物;具有一定历史、艺术、科学价值的则为一般文物。[①]

(一) 国外文物收藏的历史

文物藏品主要包括随葬品、祭祀品和文化类藏品。可移动文物收藏的历史与博物馆的历史密切相关。欧美国家的文物收藏经历了从私人收藏向博物馆收藏的演变过程,最初是自发的艺术品收藏行为,动机与人们对特定历史时期的精神追求、艺术偏好等相关。

国外文物收藏最早可以追溯到古希腊时期(见图 4-1-7)。公元前 4 世纪,亚里士多德的学生亚历山大搜集或掠夺稀有古物和战争纪念品,交由亚里士多德进行整理和研究;公元前 3 世纪,托勒密一世正式建立科学和艺术中心——缪斯神庙,专门用来存放亚里士多德收藏整理的文化珍品,这是人类历史上最原始的博物馆形态。古罗马时期,收藏之风渐渐盛行。罗马皇帝维斯佩基安·奥古斯都建立了和平神殿,是当时的文化艺术收藏中心;同时,贵族也开辟了"陈列室",收藏并展示自己的藏品。进入中世纪,教堂开辟"奇珍室"保管并陈列法器、圣像、教主遗物等宗教文物。除了宗教文物的收藏,王室贵族们依旧保持着对世俗文物的收藏热情。在文艺复兴时期,收藏古希腊罗马时期遗留下来的古典文化珍品的风气盛行,王室、贵族、教会、市民阶层都加入收藏爱好群体中。美第奇家族的乌菲齐美术馆率先向公众开放,因此是现代意义上最早的博物馆。到了 17 至 18 世纪,近代意义的博物馆正式开端。1793 年,卢浮宫成为

[①] 国家文物局:《文物藏品定级标准》,参见 http://www.ncha.gov.cn/art/2020/9/14/art_2406_25.html。

中央艺术博物馆,向公众开放。19 至 20 世纪,工业文明广泛发展,在知识开放、教育改革等思潮下,博物馆真正向全社会开放,提供社会教育职能。到了当代,博物馆的类型不断丰富,数量不断增加。

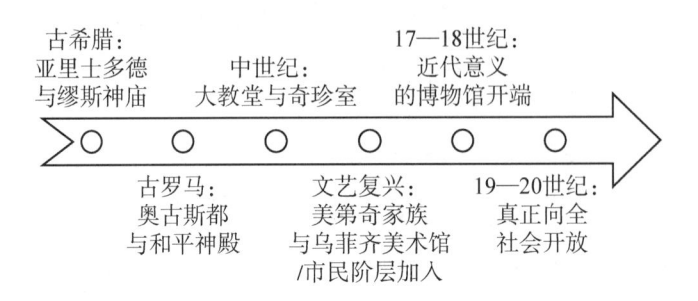

图 4-1-7 国外文物收藏的历史

(二) 中国文物收藏的历史

中国很早就有了文物收藏的行为,收藏的文物种类包括藏书、藏画、藏钟鼎等古器物(见图 4-1-8)。早在周朝,《周礼·春官·天府》中记载,天府①是掌管祖庙之收藏和禁令的府库,收藏王国的玉镇、玉器等大宝器,在举行大型祭祀、丧事时予以陈设;《周礼·天官·玉府》中记载,玉府②是专职保存玉器的管理机构。到了汉代,帝王贵族因其特权成为收藏的核心主体,主要收藏人物画像、书法等,但此时民间私人收藏也开始兴起。宋代盛行收藏书画珍品、名人碑帖。例如,宋徽宗收藏了魏晋之后 231 位书画家的作品。文物收藏进入了高峰期,目录学和鉴定学也发展起来。例如,欧阳修编纂了《金石录》,赵明诚李清照夫妇撰写了《集古录》,成为中国最早的金石学著作。宋代之后,文物收藏一直处于比较旺

---

① 《周礼·春官·天府》:"天府,掌祖庙之守藏与其禁令。凡国之玉镇大宝器藏焉。若有大祭大丧,则出而陈之。既事,藏之。"
② 《周礼·天官·玉府》:"玉府:掌王之金玉玩好兵器,凡良货贿之藏。共王之服玉、佩玉、珠玉。王齐则共食玉。"

盛的阶段。明代曹昭撰写了《格古要论》,是中国现存最早的文物鉴定专著,王佐在其基础上增补文物鉴赏方法和要点分析,撰写了《新增格物要论》。清代康熙年间,圆明园是当时世界上最大的皇家博物馆。

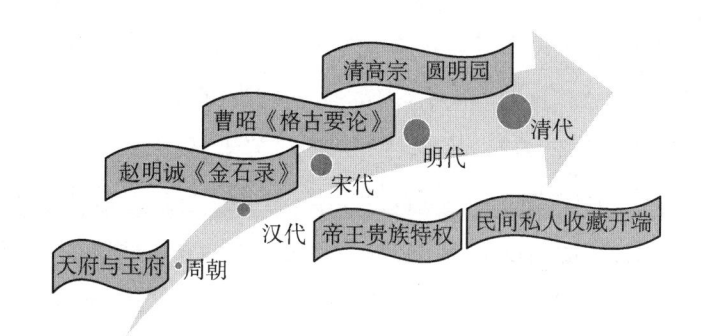

图 4-1-8 中国文物收藏的历史

三、文物普查与流失文物的追索

为掌握馆藏可移动文物的数量、分布等基本情况,我国在 2013 年开始了第一次全国可移动文物普查,其标准时点是 2013 年 12 月 31 日 24 时。经普查发现全国可移动文物共计有 108 154 907 件/套,而其中珍贵文物总数达到 3 856 268 件,占比 6.02%。从完残程度看,完整的占比 23.93%;博物馆(包括纪念馆)收藏可移动文物数量最多,占比 65.49%。可移动文物数量最多的五个省(自治区、直辖市)分别是:北京市(18.13%)、陕西省(12.09%)、山东省(8.71%)、河南省(7.47%)及山西省(5.03%)。[①]

实际上,中国拥有悠久的历史和深厚的文化积淀,其文物藏品的实际数量远超文物普查所统计的馆藏文物数量。这其中,还包括大量分散在

---

① 数据来自国家文物局综合行政管理平台的全国珍贵文物数据库,参见 http://gl.ncha.gov.cn。

世界各地的文物藏品,这就涉及流失文物追索的问题。针对文物流失与追索,国际上出台了一系列公约,确立了"非法得来文物应归还原属国"的原则。1954年,由苏联、美国等50个国家在海牙达成了《关于发生武装冲突情况时保护文化财产的公约》;1970年,联合国教科文组织第十六届会议在巴黎通过了《关于禁止和防止非法进出口文化财产和非法转让其所有权的方法的公约》;1995年,国际统一私法协会又出台了《关于被盗或非法出口文物的公约》。其中1995年的《关于被盗或非法出口文物的公约》更适用于流失文物的追索以及所有权判定问题,包括了国际范围内返还被盗文物、归还违反文物出口法律走私出国文物的相关条款,确定了被盗文物返还的三个原则:一是被盗文物的拥有者应当归还该被盗文物;二是非法发掘或者合法发掘但非法持有的文物,应当被视为被盗,只要符合发掘发生地国家的法律;三是任何关于返还被盗文物的请求,应自请求者知道该文物的所在地及该文物拥有者的身份之时起,在3年期限内提出,并在任何情况下自被盗时起50年以内提出。实际上,1945年之前的所有殖民、战争中被劫掠的文物都超过了50年这一期限,而第二次世界大战结束于1945年,以殖民方式和战争方式进行的大规模文物抢劫和偷盗也都在1945年前。此外,这一公约的缔约国数量有限,拥有他国流失文物最多的几个西方国家都没有加入缔约国行列,并不受该公约约束。

据中国文物学会统计,自1840年鸦片战争爆发以来,出于战争和不正当贸易等原因,中国流失到欧美、日本、东南亚等国家或地区的文物数量就超过1000万件。根据联合国教科文组织统计,在47个国家的200多家博物馆中有中国文物164万件,民间收藏则是馆藏数量的10倍。目前追索文物主要有四种方式:商业回购、捐赠、依法追讨以及外交谈判。

【案例】
圆明园之殇

通过两位外国人的记述可直观了解圆明园文物被抢掠的历史。法国人德·克鲁勒在《进军北京》中写道：1860年，英国军队在经过10月7日、8日的抢劫后，于10月11日又"组织好一次大规模的远征"，"这次远征由一千二百名骑兵和一团步兵组成，另外还有许多旅游者伴随前往。他们带有成千辆车子和军队里的所有驮兽。此次抢劫延续了整整一天"。① 法国人埃利松《翻译官手记》里写道：不但英国军队参与了在圆明园和北京的抢劫，法军也同样如此。法军初至北京时，"只有一辆车"，那是孟托邦将军用于装载"帐篷和军用箱的"。然而当法军开拔时，"不知道为什么竟然出现了大批满载着的车辆，单是这大车队也得十足走上一小时"。②

以圆明园之殇为代表，近代中国大量文物流失海外，而追索文物的过程又是极为艰难的。一直以来，国际上各国对文物的追索都是一个长期且复杂的过程。例如商业回购方式，实际上是无奈之举，但圆明园十二兽首中的牛首、猴首、虎首、猪首和马首均通过回购而来。又如捐赠方式，是比较常见的文物回归方式。法国皮诺家族从原持有人手中购下兔首、鼠首，无偿捐赠给中国。再如依法追讨方式，除了依据前文所述的多边国际条约外，国与国之间的双边文物保护协议也起着重要作用。此外，外交谈判也是追讨文物的方式之一。

圆明园十二青铜兽首中，牛首、虎首、猴首、猪首目前收藏于保利艺术博物馆（见图4-1-9），马首在2020年末回归圆明园，兔首、鼠首目前收藏于国家博物馆，但龙首据传闻仍保存在中国台湾地区，蛇首、鸡首、狗首

---

① ［法］乔治·德·克鲁勒：《进军北京》，陈丽娟等译，中西书局2013年版，第86页。
② ［法］埃利松：《翻译官手记》，应远马译，中西书局2011年版，第243页。

和羊首目前仍下落不明。

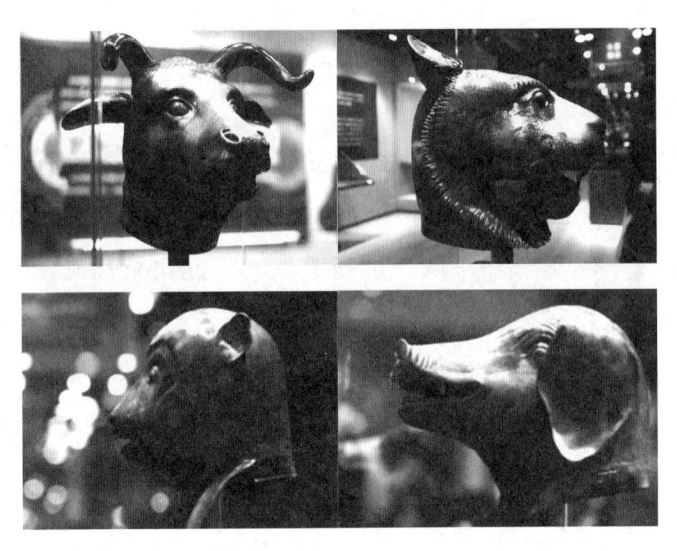

图 4-1-9　十二生肖兽首：牛首、虎首、猴首、猪首①

　　圆明园青铜十二兽首均由宫廷匠师制作，但因设计者是郎世宁等来自欧洲的艺术家，故而它们的造型带有诸多西方艺术特色，成为融汇东西方文化的代表。其中，牛首铜像两眼圆瞪，双角弯曲向前，威风凛凛，活脱脱一个西班牙斗牛模样，而中国传统的水牛和黄牛的造型皆牛角向上或向后，双角向前并不常见，更多是性情温驯、吃苦耐劳的模样。虎首铜像则与中国传统虎的造型大相径庭，如果不是额头上的"王"字，许多人都会误以为是一头狮子。中国将老虎尊为百兽之王，这件虎首铜像明显是中西合璧的典型。猴首铜像则塑造成"美猴王"的形象，中国味要浓得多。猪首铜像造型与中国传统猪的造型差别也较大，尖嘴长吻、獠牙外凸，颇似野猪的形象，但蒲扇般贴着的大耳又有浓郁的中国传统审美趣味，融合

---

① 图片来源：https://www.gov.cn/yaowen/tupian/202310/content_6910586.htm#2。

了东西方艺术造型特点。

四、文物修复

许多文物在出土时或流传过程中有不同程度的损坏,需要加以修复保存。文物修复分为三类方式:考古修复、陈列修复以及商业修复。

考古修复一般会直接保留修复痕迹,忠于原物地进行初步的修复。陈列修复则主要用于展示陈列的目的,其修复痕迹在远距离观看时是难以区分的,近处观看则一般可以辨识。如《我在故宫修文物》(见图4-1-10)片段中,王津老师修钟表就是一种陈列修复,以展览陈列为目的,修复后用于展出。陈列修复的痕迹是可辨识的,为二次修复留有了余地。而商业修复放弃了再修复的余地,追求"完美"的修复效果,以满足审美的需求,不惜掩盖历史的伤痕。

图4-1-10 《我在故宫修文物》海报[1]

第二节 博物馆

一、博物馆的定义

根据国际博物馆协会的最新定义,博物馆是为社会服务的非营利性

---

[1] 图片来源:https://mp.weixin.qq.com/s/zp5Yvatdjm-gzmT6L1NkKQ。

常设机构,致力于研究、收藏、保护、阐释和展示物质与非物质文化遗产。博物馆向公众开放,具有可及性和包容性,旨在促进多样性和可持续性。博物馆以符合道德且专业的方式进行运营和交流,并在社区的参与下,为教育、欣赏、深思和知识共享提供多种体验。这一定义的不断更新,实际上背后是博物馆不断完善自身,拓展功能及社会责任的过程。

下面对这一定义中的"非营利性"予以解释,是指博物馆不以营利为目的,比如门票、捐赠等收入不以营利为目的,而是用于博物馆运行等相关经费支出。

二、博物馆的核心功能

博物馆有以下四个核心功能。其一,博物馆保护、诠释和推广人类自然和文化遗产;其二,博物馆管理和保护藏品,也就是在公共博物馆建立之初所说的,博物馆是可移动文物的庇护所;其三,博物馆要履行其教育功能;其四,博物馆应分享其资源,并提供相关服务。其中,保护藏品和教育功能是博物馆最基本的两大功能。

【案例】
故宫博物院

故宫博物院是中国藏品数量最丰富的博物馆。截至2024年,故宫博物院藏品总数为186万多件,且珍贵文物占其藏品总数的90%。故宫博物院国宝级馆藏众多,包括春秋立鹤方壶、战国秦石鼓、陆机的《平复帖》、王珣的《伯远帖》、韩滉的《五牛图》、顾闳中的《韩熙载夜宴图》、张择端的《清明上河图》、王希孟的《千里江山图》以及明万历孝端皇后凤冠等。

原状陈列展是故宫博物院极具特色的一种展览类型。如寿康宫原状陈列展,对寿康宫最初布置进行复原并展出,再现清代皇太后宫殿的原貌

(见图4-2-1)。寿康宫位于紫禁城的外西路,是清代皇太后居住的宫殿,三进院落,是乾隆皇帝为生母钮祜禄氏所建造颐养天年的起居之所。寿康宫自故宫博物院成立迄今,一直作为文物库房使用;近年来,作为原状展区进行主题为"万岁千秋奉寿康"的展览(见图4-2-2)。通过对220余件(套)珍贵文物的展示,再现了当时崇庆皇太后高贵尊崇的地位及乾隆皇帝以天下奉养的孝道。

图4-2-1 故宫博物院寿康宫的建筑及内设

图4-2-2 寿康宫"万岁千秋奉寿康"陈列展

设在慈宁宫的雕塑馆(见图4-2-3)的特色则是展出大体量文物,并首次采用"裸展"的方式进行呈现,即没有将文物置于玻璃柜中,观众和文物可以直接"面对面"。为确保文物的安全,故宫博物院为其涂了一层保护材料,这种材料不伤害文物本体,通气效果好,不会把湿气憋在文物体内,而观众从表面又看不出来。展览共计展出400余件雕塑类文物,年代跨度从秦代到清代,包括慈宁宫正殿、东庑、西庑、大佛堂、大佛堂西庑五个展室。

图4-2-3 故宫博物院慈宁宫外景

此外,故宫博物院还有许多以文物材质区分的专题陈列展厅,比如在珍宝馆中展出的清代金嵌珍珠宝石八宝(见图4-2-4)。八宝又叫作八吉祥,属于佛前供器。一为法轮,象征佛法永不停息;二为法螺,象征法音传遍四方;三为宝伞,象征张弛自如、广被众生;四为白盖,象征降伏烦恼、得到解脱;五为莲花,象征出污泥而不染;六为宝罐,象征福智圆满、毫无缺漏;七为金鱼,象征活泼健康、慧眼常开;八为盘肠,象征回环贯通、没有障碍。

图 4-2-4 专题陈列展览中的可移动文物藏品：金嵌珍珠宝石八宝

三、博物馆发展的三个阶段

回顾博物馆的历史，由远及近，可以说是一个博物馆与公众距离越来越亲近的过程。

（一）第一阶段：圣地博物馆，侧重实物收藏功能

博物馆诞生之初，人们认为是它的殿堂阶段。作为藏品的"奇珍橱柜"，第一，只有少数人享有观看的权利且可对展品进行评价；第二，展品的种类完全由物质世界所决定，并且是物质世界所固有的东西；第三，展线是线性的，对于展品的阐释也是毋庸置疑的，整个叙事框架都具有权威性。人们将博物馆作为一个神圣空间。在圣地范式中，博物馆具有"精神治疗"的潜能，并且是一个与外界完全隔绝的神圣之处。博物馆藏品为人们提供精神启发，激发对美和道德的价值观。但大部分博物馆理论家相信将博物馆作为圣地是一种精英主义范式，并不能够满足当代文化的需求。

（二）第二阶段：公共博物馆，内容与观众群的开放

福柯通过"规则的隐喻"捕获了现代知识的本质，而现代意义的公共博物馆迎合了公众教育所需。公共博物馆向公众敞开大门，其展示内容的边界也在不断拓宽，涵盖了非遗等民间文化、边缘文化等多元内容。在这一过程中，公共博物馆始终保持着其权威性和严谨性。比如，展览以清晰的叙事方式展现了少数群体的历史演变，即用过去来验证现在；展品是经典的，展示着可仿效的普遍标准。

（三）第三阶段：新型博物馆，形式与空间的开放

随着新博物馆学运动在20世纪的兴起，新型博物馆的一些特征成为博物馆更新的方向之一。一方面，博物馆开始向市场主导转向；另一方面，博物馆开始向反殖民化空间转向。在市场主导之下，博物馆更多地以参观者为中心。比如博物馆内服务设施不断增加，包括接待导览区、咖啡厅、餐厅、商店、书店、儿童区、社教中心、剧院，以及休息区、储物区、取款机等。有学者认为，这也是博物馆民主化的一种表现，但并不意味着博物馆放弃了它的固有职能。当然，市场主导也存在争议，比如：博物馆日益成为外来参观者的到访热点，也就是博物馆与旅游业的交集越来越大。有些博物馆开始倚重外来参观者，而与所在地区，与本地参观者的联接弱化了。

在响应反殖民化的呼声方面，在传统博物馆是"艺术品的坟墓""僵化文化""展品死亡""丧失饱含人类精神的精华部分"等指责声中，新博物馆学运动及其倡导的生态博物馆、社区博物馆等模式诞生了，从展示空间到展示形式，将博物馆"暴露在户外"，并试图与当地文化景观、社区及原住民形成持续互动的关系。这一转变也吸引了更多人特别是青少年对博物馆的关注，体现了对多元文化特别是边缘文化的尊重与传播。

随着新博物馆学运动影响的深化，博物馆已不再是"老面孔"，博物馆的"新图景"不断在世界各地呈现。当然，博物馆仍应具有某些特定的"准

入门槛",比如公众教育功能旨在提高公众认知的定位,藏品征集与保管职能等。

其中,生态博物馆起源于1971年的法国,是新博物馆学运动倡导的博物馆形态之一。有学者认为,在20世纪70年代博物馆与社会全新的关系中,最重要的是确立了生态博物馆这一新形态。勒内·里瓦德在1988年提出了生态博物馆与传统博物馆的简洁对比公式,可以帮助我们快速理解生态博物馆的概念。传统博物馆是"建筑＋收藏＋专家＋观众",而生态博物馆是"地域＋传统＋记忆＋居民"。传统博物馆以特定建筑来承载其展示与教育功能,主要体现权威导向;而生态博物馆将空间扩展为某个区域内的建成文化及活态文化,更多体现在地导向。如今在全球各地都有许多生态、露天(户外)、活态博物馆。

博物馆纪念品商店在当代已很常见,但早期博物馆并没有商店。早期博物馆虽也包含明信片等相关商品的售卖行为,但大规模开发博物馆纪念品是新博物馆学运动之后。当前,纪念品商店成为参观者博物馆体验的重要组成部分。博物馆商店还逐渐从博物馆不起眼的角落移到了博物馆参观路线的显著位置。在许多大型博物馆中,多家商店、书店会分布于馆内空间的不同位置,满足不同参观路线与个人习惯参观者的需要,当然还包括博物馆开设在线购物网站,并适时推出商品促销信息与优惠活动等。

【案例】
博物馆免费咖啡调查问卷

参观者的需求受到博物馆的重视,可通过消费者调研,提升博物馆服务质量。如一家工业博物馆开展咖啡调查问卷活动,来馆参观者填写调查问卷可以获得一杯免费咖啡,一年下来收集了一万份问卷。从问卷调查结果分析中获得了观众来源以及观众对博物馆服务和设施的看法,继而推行了观众乐于见到的改进。根据问卷中的意见,博物馆做了三方面关键问题的改进:一是博物馆商店所售商品的构成;二是博物馆捐款箱的位置;三是博物馆咖啡厅中座位和服务的安排。这些改进使博物馆收入净增400%,同时提高了用户的满意度。该案例说明了当代博物馆与收益之间的直接关系,也说明了一份高质量的市场调查可以带来货真价实的收益。

思考题:

中国国家博物馆(National Museum of China),简称"国博",是代表国家收藏、研究、展示、阐释,能够反映中华优秀传统文化、革命文化和社会主义先进文化代表性物证的最高机构,是国家最高的历史文化艺术殿堂和文化客厅[1],请通过线上调查,了解和思考以下两个问题:

1. 归纳中国国家博物馆已有文物文创产品的主要类型。
2. 就该馆现有文创产品设计/开发情况,提出一两点具体建议。

思考提示:

文物文创产品开发:依托文化文物单位的馆藏文化资源,开发各类文化创意产品。

文化文物单位:各级各类博物馆、美术馆、图书馆、文化馆、群众艺术馆、纪念馆、非遗保护中心及其他文博单位等掌握各种形式的文化资源单位。[2]

---

[1] 中国国家博物馆简介,参见 https://m.chnmuseum.cn/gbgk/gbjj/?eqid=fec0fa36002cf83d0000000464561458。
[2] 国务院办公厅:《关于推动文化文物单位文化创意产品开发的若干意见》,参见 https://www.gov.cn/zhengce/zhengceku/2016-05/16/content_5073722.htm。

第五章 不可移动文物与遗产旅游

- 第一节 不可移动文物
- 第二节 文化遗产与旅游

第一节 不可移动文物

一、不可移动文物的定义与定级

（一）不可移动文物的定义

不可移动文物是指不可通过外力移动，移动后会影响其价值和性能的文物。按照年代远近可以划分为两大类：一是具有历史、艺术、科学价值的古文化遗址、古墓葬、古建筑、石窟寺、石刻和壁画；二是与重大历史事件或著名人物有关的，以及具有重要纪念意义、教育意义或者史料价值的近现代重要史迹和代表性建筑。

在文化遗产整体性保护视野下，不可移动文物保护在当代又与城市、街区、乡镇等更大范围的建成文化保护相联结。此外，工业遗产、乡土建筑、线性遗产及文化景观等遗产类型也在扩展。

（二）不可移动文物的定级

1961年，我国就制定了文物保护管理的暂行条例，对文物实行分级管理。当前，按照文物的价值依次可分为六个级别：全国重点文物保护单位、省级文物保护单位、市级文物保护单位、县级文物保护单位、登记不可移动文物以及历史建筑（见图5-1-1）。

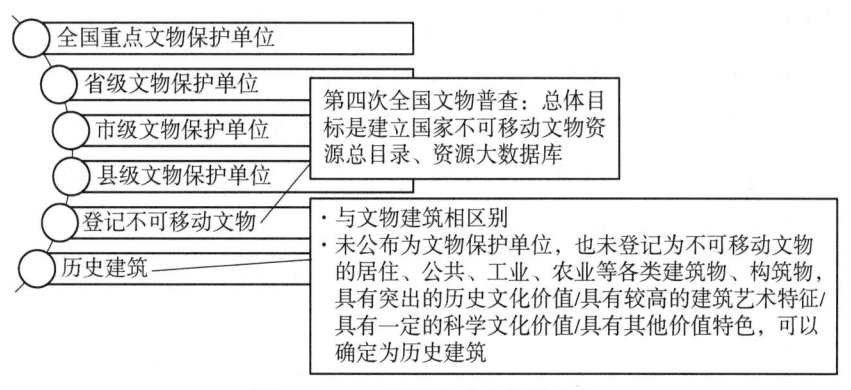

- 全国重点文物保护单位
- 省级文物保护单位
- 市级文物保护单位 —— 第四次全国文物普查：总体目标是建立国家不可移动文物资源总目录、资源大数据库
- 县级文物保护单位
- 登记不可移动文物 —— ·与文物建筑相区别
- 历史建筑 —— ·未公布为文物保护单位，也未登记为不可移动文物的居住、公共、工业、农业等各类建筑物、构筑物，具有突出的历史文化价值/具有较高的建筑艺术特征/具有一定的科学文化价值/具有其他价值特色，可以确定为历史建筑

图5-1-1 不可移动文物的定级

二、古迹修复理念的变迁

不可移动文物就是通常所说的文物古迹。首先来回顾一下古籍修复理念的变迁,如图5-1-2所示。

图5-1-2 古迹修复理念的变迁

（一）勒·杜克的"风格性修复理论"

法国人勒·杜克主张"风格性修复理论"。杜克认为,对一座建筑物"并非将其保存,对其修缮或重建,而是将一座建筑恢复到过去任何时候可能都不曾存在过的完整状态","最好把自己放到原先的建筑师的位置,设想他复活回到这个世界来,人们向他提出现有给我们的任务,他会怎么做"。在主持巴黎圣母院修复工程时,他希望将其改造为典型的哥特式风格建筑。虽然最终修复工作并未采用此方案,而是依据巴黎圣母院原貌进行修复,但还是体现了杜克的一些风格主张(见图5-1-3)。

图 5-1-3　巴黎圣母院的修复①

（二）约翰·拉斯金的"反修复理论"

19 世纪，英国出现对风格性修复理论批判的浪潮，拉斯金是其中的标志性人物。拉斯金著有《建筑的七盏明灯》，他提出"反修复"的文物建筑保护理念，主张进行最忠实的修复，避免对唯一性、真实性的历史信息构成破坏。因此，英国当时广泛采用了"保存废墟"的做法，追求历史的残缺之美。

（三）威廉·莫里斯的"保守性整修理论"

受拉斯金"反修复理论"的影响，英国工艺美术运动创始人、设计师威廉·莫里斯提出了"保守性整修理论"，呼吁用"保护"来替代"修复"。莫里斯认为：以往的修复往往定格在某一时期的某种风格，一味对历史风格进行模仿，会造成古迹真实性的丧失，而"保护"古迹是要尊重历史的真实性，对古迹的修缮做到"修旧有别"。他主张用基本的加固或遮盖的方式来进行日常性维护，将历史原样及原址保存下来。这也是英格兰古建筑

---

① 图片来源：https://www.thecollector.com/eugene-violett-le-duc-notre-dame-de-paris-architect/。

保护协会当时明确的观点之一：要修复不要重建。

（四）卡米洛·博伊托的"文献性修复理论"

卡米诺·博伊托提出的"文献性修复理论"是19世纪意大利最具代表性的文物修复理论。受到历史学的研究方法——语言文献学方法的影响，其将古迹与文献相比较来确立文物的保护思想。他认为，古迹是为了记录某种信息而修建的，它本身就可以被看作文献。对古迹的任何改动，无论多么细微，只要它产生了对原状部分的改变，都将造成误导，引发错误推断。因而他主张最小化修复，要求明确标示新的部分并详细记录修复工作。

（五）卢卡·贝尔特拉米的"历史性修复理论"

20世纪初期，卡米诺·博伊托的学生卢卡·贝尔特拉米提出"历史性修复理论"，即依据文献档案对历史建筑进行修复，主张修复要有确凿的史料依据。他强调文献档案对历史建筑修复的重要基础性作用，认为历史建筑应该恢复原貌，但要根据确凿的史料真实地加以修复。如威尼斯圣马可教堂钟塔重建工作中，建筑家们以相应文献为参考设计了重建方案。然而，在实际操作中，在建筑结构与材料的选择上做出了改变，采用了现代混凝土结构而非传统建筑方式和建筑材料，这种差异也导致其在重建物的价值判定方面，产生了一些争议（见图5-1-4）。

（六）古斯塔沃·乔万诺尼的"科学性修复理论"

20世纪，意大利主张在历史地区之外，寻求一些空间以满足城市发展过程中对交通、卫生等的现代化需求，由此出现了一系列先进的现代化修复理论。其中，意大利历史建筑修复专家古斯塔沃·乔万诺尼提出了"科学性修复理论"，主张在历史地区之外容纳城市的主要交通，避免新街

图 5-1-4　威尼斯圣马可教堂钟塔的重建①

道分割历史区域,改善人民卫生条件,保留历史建筑等。此外,在日常维护中,若确需运用现代技术,必须明确标注其应用痕迹,并确保文物保护与现代城市规划相互衔接。

随着古迹修复理论的发展,古迹修复的尺度也经历了一个起伏的变迁过程。从最初追求风格性修复的大尺度手法,到反修复理论中几乎不允许修复的尺度;从保守型修复理论到历史性修复理论,修复的尺度又慢慢恢复,允许进行日常性维护,逐步发展到科学性修复理论,可以在日常性维护基础上进行合理修复。

三、不可移动文物的保护原则

(一) 核心原则:不改变文物原状

我国的文物保护思想既与欧洲文物修复理念相衔接,又形成了自己的文物保护思想体系。我国不可移动文物保护最核心的原则是不改变文

---

① 图片来源:https://www.italianartsociety.org/。

物原状。这里的"原状"可以理解为四层含义：一是在实施文物保护工程之前的状态；二是历史上经过修缮、改建、重建后留存的有价值的状态，以及能够体现出重要历史因素的一些残毁状态；三是在局部坍塌或者变形的建筑中，原来的构件和原有结构形制得以保留的状态；四是文物古迹原有的环境状况。

近年来，国内关于文物古迹保护的关注焦点之一是"保存现状"与"恢复原状"问题。保存现状，一般指保存一座建筑物现存的健康面貌，其中包含了对建筑物在不同历史时期和环境下所经历的维修甚至改建等客观事实的尊重。而恢复原状强调要恢复一座建筑物在初始建造时的原状，具体包括：一是建筑物在最早建造时期的时代性风貌，按照那个时代的观念来复原文物；二是重在考据一个建筑物最早被建造时的实际形态，从而恢复当时建造的原貌。

"保存现状"还是"恢复现状"？实际上答案并不是绝对的，但应该"保存现状"的主要有以下情况：古遗址、文物古迹群体的布局；在文物古迹群中，各个时期具有价值的各个单体；文物古迹中不同时期有价值的各种构件和工艺手法；独立的和附属于建筑的艺术品的现存状态；经过重大自然灾害后遗留下的有研究价值的残损状态；在重大历史事件中被损坏后有纪念价值的残损状态以及没有重大变化的历史环境。可以"恢复原状"的主要有以下情况：坍塌、掩埋、污损、荒芜以前的状态；变形、错置、支撑以前的状态；有实物遗存足以证明为原状的少量缺失部分；虽无实物遗存，但经过科学考证和同期同类实物比较，可以确认为原状的少量缺失部分；经鉴别论证，去除后代修缮中无保留价值的部分，恢复文物古迹到某一特定历史时期的原始状态以及能够体现文物古迹价值的历史环境。当然，文物要恢复原状有严苛的条件，目前主张要满足只有主体部分（梁架、斗拱等木构架）大部分保留原建时期的式样和构件，局部残缺或被改变，才可恢复原状。

保持或恢复古建筑原状的四个方面分别是：建筑物原来的建筑形制、原来的建筑结构、原来的建筑构件质地以及原来的建筑工艺。以亭为例，其建筑特征是"有顶无墙"，六柱撑顶，开敞性结构，砖木结构，双层六角，攒尖顶。需要根据其建筑形制、结构、构件质地以及工艺进行修复（见图5-1-5）。

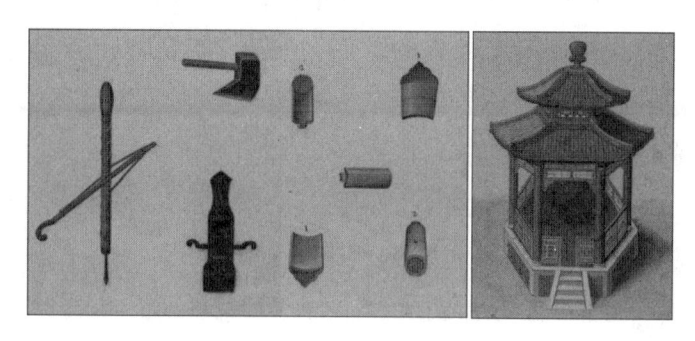

图 5-1-5　古建筑亭①

（二）文物古迹保护准则

中国近现代文物保护始于20世纪初，中华人民共和国成立后逐步形成了符合中国国情的文物保护理论与实践原则。其中，《中国文物古迹保护准则》中提出了不改变原状、真实性、完整性、最低限度干预、保护文化传统、使用恰当的保护技术以及防灾减灾等保护原则。

近年来，中国对文物古迹保护与修复的操作规范进行了细化，相关理念也有所更新。比如过去，我们强调不应重建那些已不复存在的建筑，近年来则开始认同适度重建的必要性和可行性，认为其在保护、研究、展示等方面具有积极的意义。② 例如，基于保护目的进行的古建筑重建，出于

---

① 图片来源：https://mp.weixin.qq.com/s/ZRaXavR2GfwyPU6Dhzbwlg。
② 国际古迹遗址理事会：《中国文物古迹保护准则》2015年修订版。

对文物本体的保护、对文化本身的保护以及对文化传承的保护；基于研究目的进行的古建筑重建，此类重建大部分是针对考古研究所进行的复原；基于展示目的进行的古建筑重建，且这种重建不再被定义为一种保护措施，而被视为一种文物合理利用行为。

为保护文物安全，在不影响文物及其历史环境原状的前提下，可进行少量、适度的保护、研究或展示目的的重建。但在实施重建时，必须注意以下几个方面：其一，不论重建是基于保护、研究还是展示，重建过程必须确保现存遗迹的安全，不对真实遗存造成即时或永久的负面影响，必要时仍可以恢复遗址原状；其二，在遗址上重建时，重建物与原遗址应有明显的界限标志，并设置必要的说明牌；其三，遗址重建应严格控制数量，并尽可能体现不同的学术观点和推断；其四，重建的形式、材料、结构、工艺、色彩、体量和完整方案要建立在可信的学术研究基础上，有充分可信的历史依据；其五，一切重建动议和立项都应经过严谨充分的科学论证和依法审批，并应公示听取各方面意见。坚决禁止以旅游开发等为目的，无历史根据地臆造或"重建"。

第二节　文化遗产与旅游

不可移动文物作为文化遗产的一种类型，和旅游的关系非常紧密。无论是古代宫殿、古寺庙这样的建筑遗产，还是古遗迹、石窟，这些都属于不可移动文物，其包含的文化内涵、历史信息使其转化为一类重要的旅游资源。遗产地旅游可向游客展示地方历史与多元文化。

一、文化遗址与旅游

文化遗址的主要利用方式是建立遗址博物馆、遗址公园等实现文化旅游、公众教育功能。2010年,国家文物局公布了首批12处国家考古遗址公园和23个国家考古遗址公园立项项目。2022年,《国家考古遗址公园管理办法》公布实施。据统计,"十三五"期间国家考古遗址公园累计接待公众1.54亿人次,展现出前所未有的活力和生命力。

(一)文化遗址与旅游的关系

国际古迹遗址理事会(ICOMOS)于1999年通过了《国际文化旅游宪章》,其中对文化遗址与旅游的关系形成了以下共识:"旅游与文化遗址之间是互相依存的动态关系,国内及国际旅游是文化交流的最佳载体,它向游客提供了一种了解历史和其他社会的现实生活的一种个人体验机会。越来越多的人承认这种活动是自然和文化保护的一种积极力量。旅游可以使遗址显现出经济价值,为保护提供资金、教育当地民众,并进而影响相关政策。旅游已成为国民经济和地区经济的重要组成部分,如果管理得当,旅游可以成为一个重要的发展要素。"[①]

(二)遗产地开发旅游的原则

文化遗产地开发旅游,需要遵循一定的原则。一是给予当地人和游客了解当地遗址和文化的机会;二是协调当下和未来的关系,注重可持续问题;三是确保游客的体验有价值;四是当地社会应参与保护与旅游规划;五是旅游和保护行为应对当地社会有利。

[①] 国际古迹遗址理事会:《国际古迹遗址理事会国际文化旅游宪章》1999年版。

【案例】
良渚遗址

  良渚古城遗址(见图 5-2-1)位于中国浙江省杭州市余杭区瓶窑镇,是中国新石器时代晚期以稻作农业为经济支撑,并存在社会分化和统一信仰体系的早期区域型国家形态。2019 年,良渚古城遗址被列入《世界遗产名录》,成为中国第一个被评为世界文化遗产的新石器时代文化遗址。良渚古城遗址规模宏大、遗存类型复杂,为更好保护该遗址,良渚古城遗址世界遗产监测管理中心引入遗址遗产监测预警系统——"遗产大脑",对遗址现有数据资源进行深度整合、分析和处理,并及时总结梳理遗址保护过程中的工作方法,为全世界大遗址保护利用提供了"中国经验"。

图 5-2-1　良渚古城遗址[①]

  在遗址基础上开发的良渚古城遗址公园,是向公众展示和传播良渚

[①] 图片来源:https://wgly.hangzhou.gov.cn/cn/whhz/index.html。

文化的重要窗口。良渚古城遗址公园通过环境修复、绿植标识等手段,复原了遗址自然历史风貌。同时,良渚古城遗址公园在保护展示模式上进行了创新,用现代的科技阐释古老文明,公园引入 AR 智慧导览系统,为游客提供全方位的辅助参观体验。此外,良渚古城遗址公园还设立了良渚国际研学中心和良渚文明探索营地,通过搭建研学平台、教育基地等方式,向大众普及遗址知识、传播遗址文化。如今,良渚古城遗址已成为深受游客喜爱的旅游"打卡地"。

二、建筑遗产的再利用

相较于文化遗址,建筑遗产的利用方式则更多一些,其使用价值也更为宽泛,比如可用于公益办公、文化展示、经营服务等,部分还保留着居住等原有使用功能。

(一)建筑遗产再利用原则

建筑遗产在保护利用中需要遵循原真性保护、最小化干预的原则。所谓文化遗产的原真性,就是在对文化遗产的保护利用中需衡量其表现形式与文化意义的内在统一程度;最小化干预原则指的是确保文化遗产的安全,在利用中尽量减少干预。

2019 年,国家文物局印发了《文物建筑开放导则》,鼓励一般性文物建筑开放使用,并遵循正面导向、注重公益、促进保护、服务公众的原则。文物建筑可开放的功能可以包括社区服务、文物展示、参观游览、经营服务以及公益办公五大类。一是社区服务功能,即祠堂、会馆、书院和图书馆、学校等近现代建筑可作为社区书屋、公益讲堂、文化站、管理用房等,开展文化活动,发挥服务功能;二是文物展示功能,文物价值、建筑特征、空间规模等方面具备条件的古建筑和行政、会堂、工业等功能的近现代建筑可作为博物馆、展示馆、美术馆或科研展陈场所等,进行文物建筑现状展示或进行陈列布展,发挥文化传播、科研和教育功能;三是参观游览功能,宫殿、庙宇、园林、牌楼、塔幢、楼阁、古城墙、门阙、桥梁和文化纪念、交通等功能的近现代建筑可作为参观游览对象,发挥游憩、纪念和教育功能;四是经营服务功能,民居古建筑和有住宅、工商业等功能的近现代建筑,在确保安全的前提下可作为小型宾馆、客栈、民宿、店铺、茶室、传统工艺作坊等经营服务场所,发挥服务功能;五是公益办公功能,文庙、书院等古建筑和行政、金融、商肆等近现代建筑可作为公益性机构、院校等办公场所,并应划定开放区域,明确开放时段,采取信息板、多媒体、建筑实物展示等方式对观众实现部分开放。[①]

(二) 建筑遗产再利用模式

目前,国内外在建筑类文化遗产的利用模式上展示出多元化的发展态势,主要包括原功能延续模式、兼容可调模式,以及博物馆、图书馆模式三种类型。原功能延续模式指建筑外观与结构维持不变,内部进行适度改造以延续建筑功能;兼容可调模式主要着眼于空间本身的通用性,在尊重建筑原有功能属性的前提下,对其功能进行微调,如教堂改造为剧院等;博物馆、图书馆模式是指建筑遗产改造为公共文化设施,如巴黎奥赛博物馆的再利用就是该模式的典型代表。

【案例】
巴黎奥赛博物馆

巴黎奥赛博物馆(见图 5-2-2)是法国的一家国立博物馆,位于塞纳

[①] 国家文物局:《文物建筑开放导则》,参见 http://www.ncha.gov.cn/art/2020/9/15/art_2407_169.html。

河左岸，与卢浮宫和杜伊勒里花园隔河相望。巴黎奥赛博物馆地块在19世纪中叶是当时的行政法院和皇家审计院。1898年，这里为举办巴黎万国博览会而修建成了火车站。第二次世界大战后，奥赛火车站已不能满足巴黎民众的出行需要，1961年后被停用。1972年，有设计者提议将其改造成为艺术博物馆，1986年改建完成并开馆。之后奥赛博物馆便成为法国著名的三大艺术博物馆之一，成为巴黎民众心中最期待与喜爱的城市更新项目。馆内主要陈列1848年至1914年的西方艺术作品，包括绘画、雕塑、装饰品、摄影作品、建筑设计图等。

图 5-2-2　巴黎奥赛博物馆内景①

巴黎奥赛博物馆案例二维码：

---

① 图片来源：https://www.finestresullarte.info/en/。

思考题：

结合本讲内容，列举一个文物建筑开放的案例，并说明其开放后的功能类型。

第六章 | 历史城市、历史街区与传统村落

- 第一节 历史城市
- 第二节 历史街区
- 第三节 传统村落

第六章 | 历史城市、历史街区与传统村落

聚落是人类聚居生活的场所和空间。传统聚落则是历史上人类比较原始的聚居空间形态。其中,村落是最早的聚落形态,伴随人类社会的发展,又逐渐产生了城镇、城市聚落。

传统聚落从大到小,从片状到点状可分为三个层次:一是历史城市,国内称其为历史文化名城;二是历史街区、历史地段,国内称其为历史文化街区;三是历史文化遗存,国内主要称其为文物保护单位、历史建筑等。我们将从两个案例整体认识历史文化名城、历史文化街区以及文物保护单位的概念。

【案例】
昆明—文明街—福林堂、厦门—鼓浪屿—八卦楼

昆明市是中国首批 24 个历史文化名城之一。昆明老街的文明街历史文化街区里,有一处全国重点文物保护单位,叫作"福林堂"(见图 6-0-1),至今已有百余年历史,是昆明地区历史最悠久的老字号中药店。福林堂得名自"杏树成林,福泽后代",店铺所在文物建筑采用扇形八面风硬山顶设计,为三层木结构,是典型的砖木结构,形成了独特的转角建筑风格。

厦门的鼓浪屿自然景观优美、历史人文荟萃,以其突出的文化多样性成为世界文化遗产。鼓浪屿历史文化街区中,文物建筑、历史建筑众多,包含有 187 个文物保护单位、53 个世界遗产核心要素,街区文化肌理完整。其中,八卦楼(见图 6-0-2)是鼓浪屿历史文化街区的标志性建筑之一,原为台湾板桥林氏家族的林鹤寿修建的私人建筑,借鉴了古希腊、古罗马的建筑风格,四面外廊与十字内廊的结构,后又发挥了书院、博物馆等功能。

图6-0-1　昆明文明街历史文化街区的"福林堂"①

图6-0-2　厦门鼓浪屿的八卦楼②

第一节　历史城市

城市也有记忆，因为它有完整的生命历史。从胚胎、童年、兴旺的青

---

① 图片来源：http://www.ynkgs.cn/。
② 图片来源：https://mp.weixin.qq.com/s/RItdvp9Goh6rxsyeDV_5ww。

年到成熟的今天。这个丰富、多磨而独特的过程全部默默地记忆在它巨大的城市肌体里。一代代人创造了它之后纷纷离去,却把记忆留在了城市中。

这是长期致力于文化遗产保护的学者、著名作家冯骥才对城市历史及历史的承载物价值的表述。这与拉斯金的《建筑的七盏明灯》中的表述不谋而合:人类记忆有两个强大的征服者——诗歌和建筑。

2005年,联合国教科文组织在亚洲地区保护范例中就提出:我们的历史城区正在经济发展和演变的威胁下快速地消失,必须采取有效的措施来平衡发展与遗产保护之间的关系,将文化与可持续发展有效结合,以保护历史中心城区的真实性。在这个过程中,必须对亚洲城市传统所特有的具象和抽象特质及其真实性保护予以关注。其中指出了当前所面临的一个核心问题——城市发展与遗产保护的关系问题,需要从可持续发展的角度着力保护历史城市的真实性。

一、历史城市保护的历史

(一) 国外保护历史城市的历史

20世纪初,国际社会开始关注历史城市的保护问题,特别是第二次世界大战后,欧洲和亚洲许多国家的古城被摧毁,这引发了人们对城市保护的进一步思考。不少城市都把保护和恢复古城视为重建民族精神的重要手段,借此提高民族的文化凝聚力。其中,波兰的华沙历史中心(华沙老城)是世界文化遗产名录中的特例。作为在第二次世界大战中被夷为平地的城市,现在的华沙老城是1945年至1966年重建复原的。华沙老城入选世界遗产名录,是因为国际社会认可其重建的特殊意义,是其民族精神的重新构建和加强。苏联也非常重视历史城市的保护。1949年,苏联公布了20座历史城市名单,置于建筑纪念物保管总局之下接受特别的监督,是较早以清单方式管理历史城市的国家。另外,日本也是较早对历史城市进行保护的国家。1966年,日本颁布了《古都保存法》,并指定京都市、奈良市等6市为"古都",目的是"保护位于古都内的历史风土——作为固有的文化资产,国民在同等享受它的恩泽的同时应完好地传承到后代"。

在国际范围内,"世界遗产城市"是指城市类型的世界遗产。1993年,世界遗产城市联盟在摩洛哥成立,总部设在加拿大的魁北克,属于联合国教科文组织的下属组织机构。中国的苏州、承德、丽江、平遥、都江堰以及澳门都被列入了世界遗产城市。

(二) 中国保护历史城市的历史

中国最早明确提出对一座城市进行整体保护的正式文件,是由建筑学家梁思成在1949年组织编制的《全国重要建筑文物简目》。在这份具有历史意义的简目中,第一项文物就是"北平城全部"。梁思成强调:"北京古城最重要的还是各种类型,各个或各组建筑物的全部配合;它们与北京的全盘计划整个布局的关系;它们的位置和街道系统如何相辅相成;如何集中与分布;引直与对称;前后左右,高下起落,所组织起来的北京的全部部署的庄严秩序,怎样成为宏壮而又美丽的环境。"[①]

受"天圆地方"的影响,中国古代城市的形制一般采用方形,在城市规划中方形也更便于建设。但北京城是凸字形,因为明代时在元大都基础上在南城聚集区外修建了半圈外城城墙。当代,北京城市遗产保护主要以中轴线为核心。首都博物馆曾举办"读城——探秘北京中轴线"展览,

---

① 梁思成:《北京——都市计划的无比杰作》,载《梁思成文集(四)》,中国建筑工业出版社1986年版,第51页。

该展览以时间为顺序,呈现北京城中轴线的历史风貌与文化传统。2024年拥有750年历史的北京中轴线成功申报成为"世界文化遗产"。

二、什么是历史文化名城

(一) 历史文化名城的概念

《中华人民共和国文物保护法》将"历史文化名城"定义为"保存文物特别丰富并且具有重大历史价值或革命纪念意义的城市"。在行政划分上,历史文化名城并不仅限于地级市,也可以是县级市。截至2023年,我国共有142座城市入选国家历史文化名城。

(二) 保护历史文化名城的历史

我国以"历史文化名城"的方式保护历史城市始于20世纪80年代(见图6-1-1)。1981年,《关于保护中国历史文化名城的请示》是政府文件中首次提出"历史文化名城"的概念。1982年,国务院公布了第一批国家历史文化名城,共计24座城市。1986年,国务院公布了第二批38座历史文化名城,并且提出了历史文化保护区的概念,即对一些文物古迹比较集中,或能较完整地体现出某一历史时期的传统风貌和民族地方特色的街区、建筑群、小镇、村寨等,也应予以保护。1994年,国务院公布了第三批历史文化名城,共计37座。2008年,《历史文化名城名镇名村保护条例》施行,提出历史文化名城内至少有2个历史文化街区。

(三) 历史文化名城的类型

通过分类的方式,这些历史文化名城的特点可以被更加直观地了解。在这里,本书主要介绍两种分类方式。

一种是罗哲文先生的分类方式。罗哲文是中国古建筑学家梁思成的

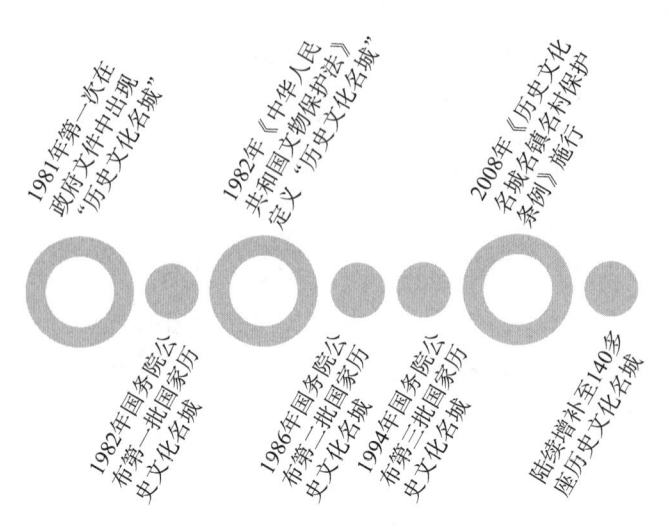

图6-1-1 中国历史文化名城保护历史

学生,他的分类方式更偏向于政治历史,将历史文化名城分为中国历史上大一统时期的帝都(如西安、洛阳、南京、北京等)、诸侯国家或封藩封王首府(如曲阜、江陵、苏州、长沙、绍兴等)、边疆省区早期地方政权首府(如昆明、大理、拉萨、日喀则、喀什等)、军事重镇(大同、银川、榆林、武威、张掖等)、海外交通港埠(广州、泉州、福州、宁波、上海、天津等)、风景游览城市(桂林、苏州、杭州、承德、昆明等)、革命历史名城(如遵义、延安等)以及其他有特殊意义的城市(如景德镇、自贡、扬州、武汉、重庆等)。

另一种是阮仪三先生提出的分类,偏向于文化、旅游等社会功能性特征,其将历史文化名城分为古都型(如北京、西安、洛阳、开封、南京、安阳等)、传统城市风貌型(如平遥、韩城、镇远、榆林等)、风景名胜型(如桂林、承德、镇江、苏州、绍兴、曲阜、乐山、天水等)、地方特色及民族文化型(如绍兴、泉州、拉萨、喀什、日喀则、江孜、大理、丽江、呼和浩特、潮州等)、近现代史迹型(如遵义、延安、上海、重庆、天津等)、特殊职能型(如泉州、自贡、景德镇、亳州、武威、张掖、寿县等)以及一般史迹型(如长沙、济南、正定、吉林、襄樊等)。以特殊职能型城市为例,历史上是军事重镇或具有特殊意义等,如寿县是楚文化的故乡,也是淝水之战的古战场;而亳州曾三次作为都城或者陪都,制酒、中药、手工业方面极为发达。

三、历史城市保护的主要危机

历史城市保护的压力是较大的,特别是在前些年还未大规模开展保护的时期。《北京晚报》曾做过统计,北京1949年时有大小胡同七千余条,到20世纪80年代只剩下三千九百条,而21世纪初随着旧城区改造速度的加快,北京的胡同曾一度以每年六百条的速度消失。当前,丽江古城和平遥古城是中国仅存的两座被完整保存并列入世界文化遗产的历史城市。面对城市保护危机,吴良镛先生曾谈道:"这无异于将传世字画当作纸浆,将青铜器当作废铜来使用。"而冯骥才先生也谈过:"似乎在不知不觉之间,曾经千姿百态的城市已经被我们'整容'得千篇一律,大量的历史记忆从地图上被抹去,节日情怀日渐稀薄,大量珍贵的口头相传的文化急速消失。但我们毕竟是东方的文明古国和大国,对文化的命运是敏感和负责任的。"

对历史城市的保护面临着不少威胁与挑战,当前主要危机包括:建设性破坏,对遗产的价值认识不足,环境污染冲击,交通工具污染的危害以及传统的"经济-居住"格局正在消失。

(一)建设性破坏

建设性破坏是历史城市保护面临的最核心威胁。城市发展必然面临城市改造及地产开发等经济压力,而在城市建设过程中,历史建筑被新建筑所取代,往往成为这一过程中难以避免的现象。历史建筑的逐渐减少甚至消失是城市的重大损失,对城市的历史记忆和文化底蕴构成了难以挽回的破坏。

(二) 对遗产的价值认识不足

对遗产的价值认识不足也导致对城市历史文化遗迹保护不够重视,投入保护的经费不足,使得城市遗迹的保护力度与维护力度有所欠缺。长此以往,城市的历史真实性将逐渐衰退,其地域文化特色也随之逐渐衰退。

(三) 环境污染的冲击

环境污染的冲击也是城市历史文化遗迹保护过程中的重要威胁。一些生产活动如化工业会造成地面沉降、地下水位变化、城市温湿度变化等,都会对城市历史文化遗迹造成直接破坏和潜在冲击。

(四) 交通工具污染的危害

交通工具的污染一直是城市面临的环境挑战之一。城市交通工具释放的大量尾气对城市建筑造成的巨大危害,也是历史城市保护面临的一大威胁。

(五) 传统的"经济-居住"格局正在消失

传统的"经济-居住"格局的消失也值得关注和思考。传统的行业布局、居住格局形成了传统城市的整体格局,是历史城市、历史城区真实性的重要依据。但传统职业、传统生活方式的逐渐消失,必然会打破历史城区的传统生产生活格局,对历史城市保护造成实质性的影响。

四、历史城市保护原则

(一) 真实保护

在历史城市保护中要遵循真实保护原则,需要留存更多的历史信息。需要注意的是,真实保护不是仿造历史,更反对推倒重来式的旧城改造后仿古重建。

(二) 整体保护

城市的价值在于成片、成组、成群的历史文化遗迹,在于其整体得到保存,而单个文化遗存只是它的构成元素。在《历史文化名城名镇名村保护条例》中就提到:应当整体保护,保持传统格局、历史风貌和空间尺度,不得改变与其相互依存的自然景观和环境。[①] 整体保护原则是基于城市整体风貌的综合保护。

(三) 特色保护

保护历史城市,还要保护和维护城市的特色。英国皇家建筑师学会会长尤沃特·帕金森曾指出:"全世界有一个很大的危机,我们的城市正在趋向同一个模样。这是很遗憾的,因为我们生活中许多情趣来自多样化和地方特色。"如在发展城市旅游时,城市中的历史文化古迹、特色风土人情是核心吸引力,而特色保护就是要着力维护有形及无形的城市特色。

[①] 国务院办公厅:《历史文化名城名镇名村保护条例》,参见 https://www.gov.cn/zwgk/2008-04/29/content_957280.htm。

(四) 动态保护

动态保护旨在强调以动态视角看待老城,其不是一成不变的,而是在自然更新中进行保护。兼顾历史城市、历史文化遗存,与城市居民的生活品质需求,形成在保护中更新,在更新中保护的动态平衡。例如英国在历史城市保护中很少再用"旧城改造""改建"等名词,而采用整修和激活等概念,在有效保护的基础上,激活老城生机。

(五) 分区保护

分区保护是国际及国内较流行的一种历史城市保护思路。分区保护是将历史城市划分成若干地区,界定每个地区的范围、界线和人类活动类型,在不同地区进行适度的保护和开发。

五、历史城市的可持续发展

2011年,联合国教科文组织大会通过了《关于历史城镇景观的建议书》,被认为是城市历史文化保护的新成果。当前,不少学者主张将历史城镇景观(HUL)方法作为一种保护和管理城市遗产的创新方式。针对历史城镇的保护,我们观察到两个显著的变化:一是保护政策发生变化,由原来关注维护遗产本身的历史特性,转变为关注遗产的未来,更注重提高管理水平来振兴历史城市和历史街区。二是保护工作重点发生变化,由原来避免历史建筑的拆除和毁坏,转变为积极发挥它们的社会作用,尽可能延续使用或再利用老旧建筑和历史环境。过去,历史城市保护主要着眼于保护建成遗产(Built Heritage),即以建造的方式形成的文化遗产,包括建筑遗产、城市遗产和景观遗产;而历史城镇景观方法强调历史环境(Historic Environment)的保护,认为其是"建成遗产"概念在空间范围的扩展,指具有特定历史意义的城乡建成区及其景观要素,涵盖范围更为突出整体性。

　　历史城市保护要以可持续发展为基础,实现城市发展与生活质量之间的平衡。城市要发展,遗产要保护,城市中居住者的生活质量也需要保障,可持续发展就是在这三者中间寻求平衡。当前,一要认识到城市遗产保护的长期性和连续性,将保护对象看作一种有限资源,保护文化遗产,力求将其深厚的历史底蕴和丰富的文化意义尽可能完整地传承给后世;二要将城市文化看作一个完整的生态系统,从而提升城市地区宜居性,发挥城市历史文化促进经济发展、增强社会凝聚力的作用。

【案例】
平遥古城

　　平遥古城(见图6-1-2)是历史文化名城,也是世界文化遗产。其入选世界文化遗产的价值要点包括:一是平遥古城是一个完整的古建筑群体,是完整保存其所有遗产特征的中国明清时期汉民族城市中罕见的杰出范例,其集中展现了跨越六个世纪的城市风格和城市规划的发展脉络;二是平遥古城在一定程度上展现了古城在社会、经济、文化艺术、科学技术以及产业方面的发展状况;三是平遥古城在清代中晚期是中国金融业的中心,商业店铺、传统民居都是平遥古城在这一时期内经济繁荣发达的历史见证。

　　平遥古城的保护就遵循分区保护原则。主要分为四个区域,分别是绝对保护区、一级保护区(重点保护区)、二级保护区(一般保护区)和三级保护区(环境协调区)。例如古城外环境协调区的建筑要求其高度要形成"近矮远高"的梯度变化,越靠近古城墙的建筑越矮,远离古城墙的建筑可以逐渐增高,具体的测算公式是:$H = 0.06L$(L:离古城墙马面的距离)。

图6-1-2 平遥古城①

第二节 历史街区

一、国外对历史街区的保护

历史街区、历史地段保护的概念形成于20世纪中叶,与历史城市保护相呼应。第二次世界大战后,欧洲经济恢复发展,城市大规模开展住宅建设。然而,在这一进程中,部分历史悠久的城区被拆除,以改善居住环境及建筑状况,但这一举措也造成了对城市历史环境的破坏,城镇特色逐渐消失。人们开始意识到,城市中成片的历史地段是地区历史文化的佐证物,只有保护好成片的历史街区,才能保护当地居民的珍贵记忆,保证城镇历史的连续性。

国际上一般称其为"历史地段"或"历史街区",而我国以"历史文化街区"实施管理与保护。从20世纪中叶开始,法国、英国、日本等国家开始

---

① 图片来源:https://pingyao888.cn/#/。

建立城市街区保护的法律体系,国际社会也陆续出台了有关街区保护的宪章、宣言等。比如,法国在1943年颁布了有关历史建筑及其周边环境保护的法令,1962年还颁布了有关城市历史文化遗产保护区的相关法律,保护观念从建筑个体的保护扩展到对区域环境的整体保护。

二、什么是历史文化街区

1986年,我国公布第二批历史文化名城时,同步提出了"历史文化保护区"的概念,提出对一些文物古迹比较集中,或能较完整地体现出某一历史时期的传统风貌和民族地方特色的街区、建筑群、小镇、村寨等应予以保护。2002年,《中华人民共和国文物保护法》修订版将保存文物特别丰富,具有重大历史价值和革命意义的街区(村、镇)定为历史文化街区(村、镇)。2008年《历史文化名城名镇名村保护条例》对这一定义进行了进一步阐释,规定历史文化街区是指经省、自治区、直辖市人民政府核定公布的保存文物特别丰富、历史建筑集中成片、能够较完整和真实地体现传统格局和历史风貌,并具有一定规模的区域。

思考题:

"城市紫线"具体包括以下哪些界线?

A. 国家历史文化名城的保护范围界线

B. 国家历史文化名城内的历史文化街区

C. 省、自治区、直辖市人民政府公布的历史文化街区的保护范围界线

D. 历史文化街区外经县级以上人民政府公布保护的历史建筑的保护范围界线

"城市紫线"是指国家历史文化名城内的历史文化街区,经省、自治区、直辖市人民政府公布的历史文化街区的保护范围界线,历史文化街区外经县级以上人民政府公布保护的历史建筑的保护范围界线。因而,上述思考题的答案是B、C、D。在紫线范围内,禁止违反保护规划的大面积拆除、开发,禁止对历史文化街区的传统格局和风貌构成影响的大面积改建,禁止损坏或者拆毁保护规划确定保护的建筑物、构筑物和其他设施,禁止修建破坏历史文化街区传统风貌的建筑物、构筑物和其他设施等。此外,相关国家标准要求历史文化街区用地面积不小于1公顷,且历史文化街区内文物古迹和历史建筑的用地面积宜达到街区内建筑总用地的60%以上。

三、历史街区保护的主要危机

历史街区的主要危机包括真实性丧失,基础设施薄弱及建筑质量较差,交通可达性差,人口密度过大,私自搭建严重,以及新建混乱无序等。

真实性丧失是其中较为核心的危机,有些地方曾采取拆真建假的方式,使得老街区遭受损失。例如在实施危旧房改造时,"危房"和"旧房"不加区分,一并列入拆除范围;又如在旧城改造项目中,完全采用商业化开发的模式,因开发商要求土地就地平衡,导致很多老街区被整体破坏或局部拆除;再如在改建中拆旧仿古,拆除成片真正的历史遗存,代之以重建的仿古建筑,这些重建后的街区呈现为千篇一律的"仿古一条街"。还有一个重要的问题,就是在街区保护工程中实施原住地居民搬离的政策,造成街区生活延续性的丧失,这种"人房分离"的空巢式搬迁计划直接导致了街区真实性的丧失。

基础设施薄弱及建筑质量较差。历史街区通常都是在老城区,基础设施薄弱的问题突出,市政设施条件较差。街区内建筑都经过了长时间的使用,处于待修缮的状态,甚至有一定比例的危房,存在较大的安全隐患。

交通可达性差也是街区保护的瓶颈问题。虽然历史街区的原有路网密度也较大,但许多道路较窄且道路系统并不完善,导致道路的通行能力较低,无法匹配当代生活所需,面临着历史风貌保护和规划红线拓宽之间的突出矛盾。例如,缺少足量的停车区域,周边通行也存在拥堵的现象。

人口密度过大。城市老街区普遍存在居住空间分配不足的问题,许多房屋存在超负荷使用、不合理使用的现象;老街区中建筑的产权不明,也会使保护措施难以实施。

私自搭建问题严重。街区老建筑的私搭乱搭现象也较为常见,破坏街区原有风貌格局的同时,也严重阻碍了历史风貌区的良性发展。

新建混乱无序。在城市发展过程中,街区内一些新建建筑也存在质量较差、无特色的问题,还有一些高层建筑严重影响历史街区的传统风貌。在街区内部或邻近地区新建与街区风貌不协调的建筑物,会破坏街区空间的历史风貌和整体景观,导致街区整体真实性的丧失。

四、概念辨析:历史文化街区与文化园区

(一) 文化园区是什么

文化园区是将城市的文化娱乐设施相对集中在一定的地理区位内,或将文化生产与消费相结合,将办公、休闲、居住等多项使用功能相结合的园区。根据功能可将文化园区分为产业型、机构型、博物馆型、都市型。产业型是以地方文化、艺术及工艺特色产业为基础建立的,发挥园区内各类特色工作室的产业带动效应。机构型以文化艺术等机构为基础。博物馆型主要围绕博物馆网络而建,都市型则以信息技术、休闲产业、电子商务等新兴业态为基础建立。文化园区通过文化与艺术相关业态、产品及服务,赋予了城市社区新的生命,为城市塑造现代化形象。一些文化园区也会依托历史文化街区等区域建立,这些区域历史底蕴深厚、文化氛围浓郁,成为开发特色文化产业园区的基础优势。

(二)两者的联系与区别

"历史文化街区"与"文化园区"都具有特定的、相对集中的地理区位;且都与地方文化、艺术等相关联。

历史文化街区侧重于对区域内建成文化及历史风貌的保护,而文化园区则侧重于实现区域使用功能的最大化。有些文化园区也依托历史文化相关区域建立,例如博物馆型文化园区会围绕一些历史文化相关博物馆网络而建,但此类型的文化园区往往需要兼顾现代城市功能的需求,承载城市记忆的同时着重提升城市休闲及旅游等消费水平。

【案例】
浙江省湖州市的历史文化街区

(一)衣裳街历史文化街区

湖州市是国家级历史文化名城,城内有两片历史文化街区。衣裳街历史文化街区(见图6-2-1)位于湖州市老城区商业中心,是湖州清末的传统商业文化、传统水乡居住文化以及传统江南城市风貌的集中呈现。衣裳街常住人口3200人,总建筑面积10.97万平方米。

衣裳街最早的文化遗迹可追溯至东晋,今馆驿河头22—32号为东晋谢安故居旧址;唐代时,书法大家颜真卿在此创建雪溪馆,后被诗人杜牧改称为碧澜堂。宋《嘉泰吴兴志》载,衣裳街在宋代称州治大街或州治前街和市街;明代称其为府前街和小市街,是湖州府治通向驿馆的必经之路。

衣裳街早在清中叶已是湖州的主要商业街坊,因有众多的估衣店而得名"衣裳街"。如汪记、九加等十多家估衣店,福泰和、万泰和及新泰和等十多家嫁妆店,还有陈信源银楼、森益源中药店等。在北伐战争之后,这些估衣店逐渐淡出了人们的生活。此外,衣裳街以九曲弄为核心的各类当铺、钱庄比肩,组成了湖州当时最主要的金融区。

图6-2-1　浙江湖州历史文化街区图景①

衣裳街现存有吴兴电话公司旧址、周宅、王宅三处文保单位,另有碧澜堂、接官厅、老公泰旅馆旧址等12处文保点,历史建筑35处,河埠、码头18处,传统街弄13条,以及成片的清末民初建筑群。

衣裳街于2020年完成保护更新,走在街巷中,可感受清末民初江南的传统商业文化。

(二)小西街历史文化街区

小西街历史文化街区(见图6-2-2)的保护更新相较于衣裳街要晚一些。小西街片区总建筑面积3.26万平方米,其中设置了小西街文创休

---

① 图片来源:https://mp.weixin.qq.com/s/zJhpl8nmUEs-1wCy4mOdQ。

闲街区,建筑面积 2.2 万平方米。街区中有登记的不可移动文物 10 处,历史建筑 10 处,传统风貌建筑院落 20 余处,石砌驳岸 1000 余米,河埠头 33 处,古井 3 处,古桥 1 座以及古树 13 株,这些都是规划重点保护的内容。

在保护性修复中,小西街 196—298 号院落中的省级文物保护单位——钮氏状元厅中的本仁堂得到了修缮。该院落原本私搭乱建严重且长期缺乏维护,部分窗门隔扇、墙体、铺地条石等都有不同程度的损坏。按照文物标准修缮后,本仁堂拆除了后期搭建的建筑,恢复了院落原有的格局且延续了居住功能。

此外,在保护石砌驳岸、河埠头、古井方面,仅对局部破损的地方进行修复;有些落入市河的条石,则进行了打捞并恢复原位。

但是,快速的城市建设还是对历史街区的风貌形成了不可逆的影响,比如街区周边高大的现代建筑对街区天际线的破坏。因此,除去对街区内部实施保护外,小西街的周边及市河两侧用地也实施了控制,要求该区域需要修缮的建筑尽可能保持其原来高度;新建建筑则要控制在两层楼以下,只能建高度小于 8 米的低层建筑;低层建筑控制区外围的街区建设也将逐步整治、改造。

图 6-2-2 小西街历史文化街区

根据保护规划，小西街区以历史街巷为主线，串联起独具历史风貌的物质遗存，在进行保护性修复后，街区展示了具有湖州传统民居特色的"一心一带三区"，恢复了"小桥流水人家"。其中，"一心"即核心区文化景观核心，以永安桥及市河两岸的理德堂、本仁堂等文物建筑、历史建筑、传统风貌建筑所集中的节点地区，完整展现了明清至民国时期湖州民居的历史风貌。"一带"即市河滨水景观带，以市河为主线，以两侧文物古迹、传统风貌建筑为依托，通过重点保护、修缮和整治，延续小西街"小桥流水人家"的传统水乡特色。"三区"包括特色风貌展示区、文化旅游服务区、居住生活延续区，主要以小西街中部市河、小西街两侧文物古迹、传统风貌集中的地区作为特色风貌展示区，以小西街西部入口地区作为文化旅游服务区，以小西街核心保护范围的中南部地区作为居住生活的延续区。

小西街区在不改变原有传统风貌的前提下，利用街区腾退所形成的空地增设了必要的公共服务设施，改善原住地居民的生活条件，优化小西街区及周边的道路交通。规划完善街区内部的步行系统，以古桥、古宅、古巷为依托，构筑街区特色的步行网络；同时整理街区外围的城市道路，通过交通管制引导机动车向街区外围疏解，并在街区周边增设地面和地下社会停车场，供居民及游客使用。在此框架下，历史文化与环境宜居在小西街区较好地进行了融合。

第三节　传统村落

一、乡土建筑遗产的保护

国际上以乡土建筑遗产为乡村聚落保护的主体，认为其是有特征和魅力的社会产物,在人类的情感中占有重要地位。乡土建筑遗产虽看起来不拘于形式,却蕴含着秩序之美;它们不仅具有实用价值,更是美丽与趣味的完美融合。这些遗产不仅是特定时代生活的核心聚焦点,还是社会史的记录;其是人类的作品,也是时代的创造物。1999年,国际古迹遗址理事会专门颁布了关于乡土建筑遗产保护的宪章,呼吁国际社会重视村落乡土建筑遗产的保护。

保护乡土建筑遗产就是保持这些组成人类生活核心的传统和谐形态,它们是人类社会文化的基本表现,也是文化多样性的具体表现。

二、什么是传统村落

(一) 界定依据

如果要对传统村落进行定性,需考虑多方面的因素:一是村落形成时间,也就是建村历史。如要依据村落形成时间即建村历史判断其是否属于传统村落,目前并没有明确的建村年限要求。二是传统村落应当包含的内容要素,或者说主要的遗产资源,以及这些要素之间的相互关系。三是要厘清传统村落的价值包括哪些方面,明确这些价值存在的地位和意义。四是要知道传统村落是否需具备地域代表性。五要结合传统村落现状,明确是否对其有较明确的传承和保存要求。目前,学界对于传统村落的界定仍存在一定讨论,例如在地域代表性方面,部分保存完好的传统村落在形成期又是由人口迁徙而来,虽不代表当地的文化特性,但仍具有较高的历史文化价值。

(二) 具体形态

国际上,传统村落的相关名称有乡村聚落(Rural Settlement)、农村集镇(Rural Towns)、村庄村落与农庄(Villages, Hamlets and Farms)等。村

落是聚落的较小表现形态,而乡村聚落是针对城市聚落所形成的相对概念。在不同国家,由于建立目的和传统文化存在差异,传统村落所对应的名称就会有所不同。而在国内,传统村落又称古村落,相关部门还评定了一批历史文化名镇名村。

传统村落是一个综合的生态体系,包括以下几个方面:一是传统村落环境,包括自然环境以及社会环境;二是传统村落情境,包括地域文化特征、风土人情等;三是传统村落知识技能,包括本土知识与技能等,这些与当地主要生产方式密切相关;四是传统村落社会秩序,比如部落、宗族等。

三、传统村落的价值和特点

(一) 传统村落的价值

传统村落是一个自然环境与人类社会、物质文化与非物质文化的有机结合体,其具有历史价值、科学价值、社会价值、文化价值及审美价值等多方面的价值,是反映人类文化多元性的重要载体。第一,传统村落以其独特的地域特色和历史背景,展现了某一时期在建筑及景观规划与设计方面的独特价值;第二,为一种甚至几种人类居住地提供范例;第三,为一种甚至几种现存的或已消逝的文化传统或文明提供了佐证。

(二) 传统村落的特点

传统村落一般具有差异性(见图6-3-1),这种差异性主要体现在地理分布和生产方式的差异上,两者之间又存在一定的联系,即地理分布的差异会引起生产方式的差异。中国的传统村落分布于亚寒带、温带与亚热带,涵盖了各类地形地貌与农业生产方式,因而不同地域的传统村落遗产资源所包含的内容必然千差万别。梳理传统村落遗产资源的类属就需要兼顾全面,应考虑到不同地域对村落资源价值的不同侧重。

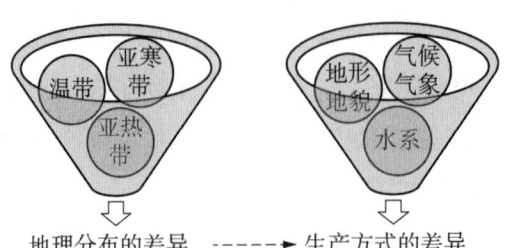

图 6-3-1 传统村落的差异性

四、传统村落的遗产资源内容

传统村落的保护重点有别于单一的建筑遗产或农业遗产,以人类居住为核心,包括了人居建筑、人类生产生活的物质遗存以及无形文化遗存。同时,它有别于城市聚居,与特定的地理位置与自然环境联系紧密,与农林牧等传统农业生产方式密不可分(见图6-3-2)。传统村落的遗产资源可以分为两大分支:一是村落环境,二是村落文化(见图6-3-3)。

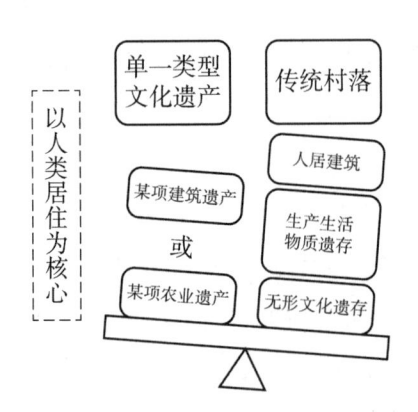

图 6-3-2 传统村落的保护重点与单一类别文化遗产的区别

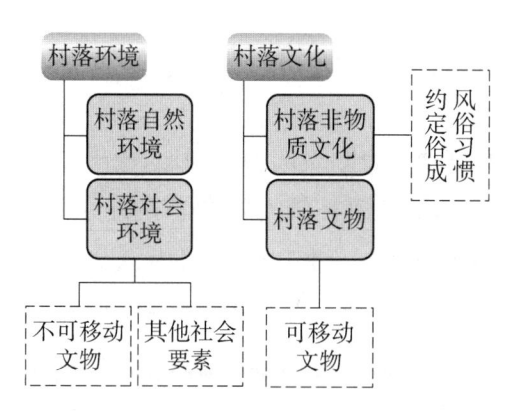

图 6-3-3 传统村落的遗产资源分支

在这两大分支之下,村落环境又包含了村落自然环境和村落社会环境两部分。其中,村落自然环境主要包括气候气象、土地,以及水系、矿产、野生动物、耕地、森林、草原等其他自然环境资源;而村落社会环境,主要指的是在自然环境的基础上,人工营造或改造所形成的物质环境,主要包括村落范围内物质文化遗产中的不可移动文物,如遗址、建筑、墓葬、史迹等,以及人口分布、经济状况、交通状况、地方语言、驯养种植情况等其他村落社会要素。广义的社会环境还应包括风俗习惯、约定俗成等,因其与村落文化的关联性更大,在分类中放置于村落文化部分。

村落文化包括村落非物质文化与村落文物。其中,村落文物主要对应于村落范围内物质文化遗产中的可移动文物。尽管在传统村落中,建筑景观等不可移动文物占据着保护的核心地位,但是村落可移动文物、村落非物质文化以及村落自然环境是传统村落得以发源与传承动因的有机组成部分,具有同等重要的保护与保存价值。

五、传统村落保护的主要危机

城镇化的进程加速了自然村的消失，且大量村落沦为"空心村"。其主要危机包括：一是建设性破坏较为严重，有的地方在进行新农村建设时采取统一的规划目标与设计标准，造成乡土建筑大量消失，出现"千村一面"的状况。二是随意重建和不当修缮。重建之风曾一度在古村镇盛行，或为开发某个古村镇，将周边村镇的古建筑进行集中搬迁。保护工作中的问题首先是保护资金短缺。在广大农村地区，村落中老旧建筑多，需要修缮的各级文物保护单位和历史建筑也多，常常面临保护资金短缺的问题。其次是保护意识淡薄。因为部分地区居民保护意识淡薄，低估了古民居的价值，过去常以弃旧居选新址建新房的方式改善生活环境。再者是发展模式单一。除了对传统村落持续进行旅游开发外，对传统村落保护利用的有效途径较少。最后是无序的开发破坏。模式化的旅游开发带来的是"千村一面"等同质化、商品化问题。

六、保护与开发原则

（一）以人为本

村落在保护开发的过程中应充分考虑村民的生存需求、发展需求和公平诉求。例如，在浙江地区，部分传统村落以居民诉求为核心，通过众筹、捐赠等手段筹措保护开发资金，着重关注营造舒适宜居的传统村落环境。

（二）文化自觉

村落作为文化的重要载体，应遵循"保护为主，传承为本，利用为要"的思路,着重保护与村落的历史文化相关的遗产与环境。应大力挖掘村落历史文化的内容与载体,合理利用展示,发挥其激发当地居民文化自觉的作用,做到保护与利用相得益彰,既留住村落的"形"更留住村落的"魂"。

(三) 有机发展

保护传统村落并不是要试图维系其"一成不变"的状态,而是要让村落"复苏",在保护的同时实现可持续发展。可持续发展是村落保护与开发的重要原则,通过科学规划和合理利用村落的自然人文风貌和历史文化内涵,开拓发展模式。如发挥"新乡贤"的作用,采用可持续的保护开发模式激发村落的"造血型"发展。

(四) 形成合力

在村落保护中,还应引导各类社会力量参与,形成保护利用的合力。例如,传统村落保护的"松阳模式"就是以"改造一个老屋,拯救一个村落"为理念实施老屋改造计划,通过50%补贴的方式调动社会力量,但要求遵循建材的技术规范保护村落风貌,强调利用本土环保材料,维持"山水-田园-村落"的乡村历史感和自然风貌,这样的改造既使村落环境得到了全面改善又保留了当地特色,具备了吸引更多资源投入村落发展的基础。

(五) 调动主体

村民是村落保护与开发的主体,在保护与开发的过程中需要充分尊重村民意愿,调动村民的积极性,发挥村民的主体作用。一方面要回应村民的需求,落实民主参与、决策、管理和监督;另一方面,要着眼改善村民的生活质量,结合实际情况进行保护开发,以提高村民获得感和幸福感,推动其更积极地参与到传统村落保护与发展中来。

【案例】
中国传统村落——广东汕头凤岗村

凤岗村(见图6-3-4)是广东省汕头市濠江区下辖村,始建于1319年,面积不大,约四平方公里。坐南朝北,南边有小山,阻隔热带风和台风,通风良好,气候凉爽。村内主要为清末、民国时期建筑,村落整体基本保存完好;宗祠庙宇等民俗建筑遗存丰富,是粤东地区独具魅力的滨海古渔村。

图6-3-4 中国传统村落——广东汕头凤岗村①

凤岗古村按照潮汕传统民居建筑风格布局,依凤岗山而建,错落有致,古朴简约,体现着深厚的宗族观念。驷马拉车是当地民居典型建筑形态(见图6-3-5),金木水火土五式厝角头繁复而有寓意。在潮汕的民居中,木雕、彩绘也都特色鲜明。凤岗村历经数百年的发展和积淀,传承着

---

① 图片来源:http://www.haojiang.gov.cn/gkmlpt/content/1/1100/post_1100508.html#158。

崇文重教的传统,还传承着潮汕祭祀文化传统。

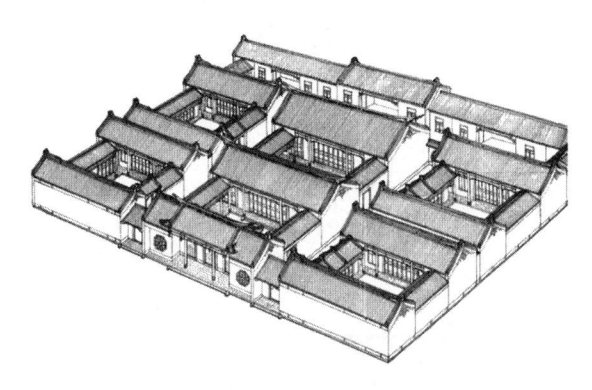

图 6-3-5 潮汕传统民居建筑——驷马拉车①

讨论:

在北京、上海、天津、广州、苏州、福州等历史文化名城,有没有发生过建设性破坏的案例?请简要介绍你了解的一个案例。

提示:

建设性破坏是历史城市保护面临的主要威胁,在过去城市化发展进程中,出现过拆旧建新等问题。

---

① 图片来源:https://mp.weixin.qq.com/s/vHc4ClFxlP3nTxLAHV_SpA。

第七章 | 非物质文化遗产

- 第一节　非遗的相关概念
- 第二节　非遗的不同门类
- 第三节　非遗的保护措施
- 第四节　非遗的转化利用

第一节　非遗的相关概念

一、名词的由来

进入21世纪，"非物质文化遗产"这一名词才进入公众视野。2001年，联合国教科文组织评选了第一批人类口头和非物质遗产代表作，中国的昆曲入选其中。当时采用的是"人类口头和非物质遗产"这一名词，强调的是非物质文化遗产的口耳相传、非物质的特性。2003年，联合国教科文组织颁布了《保护非物质文化遗产公约》，中国成为第六个加入该公约的国家。中文版本使用了"非物质文化遗产"一词，官方文件沿用了"非物质文化遗产"一词至今。实际上，公约中的英文词"The intangible cultural heritage"翻译为"无形文化遗产"也是一种稳妥的选择，突出了非物质文化遗产的无形性。非物质文化遗产可简称为"非遗"，但不建议使用"非遗文化"这一表述，因为非物质文化遗产中已包含"文化"，再与文化连用是不恰当的。

二、非物质文化遗产带给我们什么

（一）人和自然协作的美感

非物质文化遗产是一类文化遗产，但其包含诸多人类与自然和谐相处的智慧、知识与实践。人类利用自然界的素材比如木材、金属、石料等，将材料进行改造创作出作品。其中不仅包含人类的思想精神和艺术审美，也体现出了人们对自然材料本身的理解，展示着人与自然协作的美感。因此，许多传统手工艺类非物质文化遗产都体现着天人合一、道法自然的理念，具有很高的艺术审美价值。

（二）民间智慧的普遍价值

非物质文化遗产里包含着古人的智慧和经验，为社会、经济、环境等各个领域提供解决问题的参考方案，对全人类都具有一定的普遍价值。例如全球各地都有维系生态平衡的传统农业生产方式，包括顺应季节变化的农耕秩序、可持续利用土壤的智慧、科学管理资源的方式等，与当代包容性经济社会发展及可持续的生态环保理念不谋而合。

（三）手艺背后的精神力量

手工艺的创作过程，每一步都蕴含着匠心独运，而当最终作品在手中诞生时，那份由衷的成就感与满足感油然而生。人们也常常惊叹于手工艺作品及技艺的精湛，而其背后是我们经常听到的一个名词——工匠精神，这种精神传递的是手艺匠人精益求精的职业精神、追求卓越的创造精神以及敬业乐群的中华美德。

（四）风俗习惯会给予人归属感和认同感

文化认同和归属感是非物质文化遗产能够给予人的又一要素。人的本质属性中具有社会性，生活在社会中的每个个体都需要精神上的归属感，被社会认可和需要。"归属感"会随着年龄的增长表现得更为强烈。人在环境中养成的集体性习惯、形成的知识体系都与周围的环境息息相关，在熟悉的环境中可获得归属感和认同感。即使身处现在的网络环境中，人们也同样需要认同感，比如谋求兴趣圈层内的认同。这证明了归属感源自地缘联系，是自古以来就深深植根于人心的文化认同与身份认同。

三、非物质文化遗产是什么

联合国教科文组织给出的非物质文化遗产定义为：被各社区、群体，有时是个人,视为其文化遗产组成部分的各种社会实践、观念表述、表现形式、知识、技能及相关的工具、实物、手工艺品和文化场所。[①] 我国对非物质文化遗产的定义为:各族人民世代相传并视为其文化遗产组成部分的各种传统文化表现形式,以及与传统文化表现形式相关的实物和场所。[②]

作为《保护非物质文化遗产公约》的缔约国,中国一方面遵循国际保护非遗公约的精神,一方面又结合中国国情进行了再定义。对比《保护非物质文化遗产公约》的定义,我国《非遗法》的定义做了一些微调。比如我国在定义中使用了"传统文化表现形式"一词强调了"传统"这一要求,更加符合中国非遗资源数量巨大等具体国情和话语体系。

四、非物质文化遗产保护的关键词

(一)传承人群与传承谱系

非遗项目通常在其传承区域有多位甚至一群持有和传习的人,其中包括工艺技艺水平较高的代表性传承人,也包括日常有所传习的一般人群,他们就是非遗的传承人群,与所在地区的文化传统密切相关。传承谱系则是清晰梳理传承人代际传承轨迹的体系。如土布纺织技艺浙江省级代表性传承人郑芬兰,其家族传承谱系包括了四代(见图7-1-1)。开展传承人调查时,还会进一步了解传承谱系中各世代传承人的姓名、出生年月、文化程度、传承方式、学艺时间和居住地等,其中居住地一般与非遗项

---

① 联合国教科文组织:《保护非物质文化遗产公约》,参见 https://www.ihchina.cn/zhengce_details/11668。
② 第十一届全国人民代表大会常务委员会第十九次会议:《中华人民共和国非物质文化遗产法》,参见 http://www.npc.gov.cn/zgrdw/npc/flcazqyj/2010-08/28/content_1592759.htm。

目的流布区域相对应。

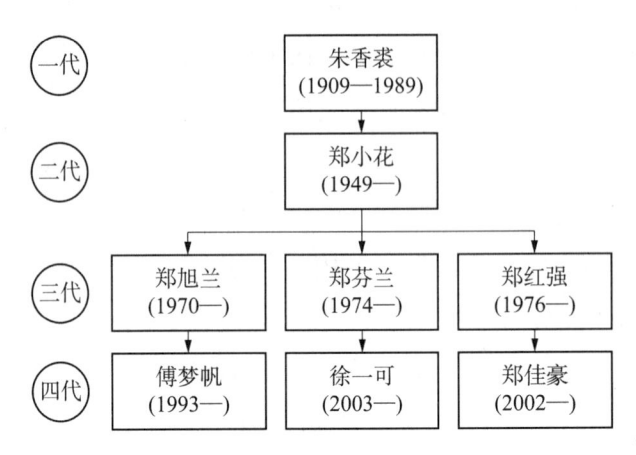

```
一代 ── 朱香裘 (1909—1989)
         │
二代 ── 郑小花 (1949—)
         │
    ┌────┼────┐
三代 郑旭兰  郑芬兰  郑红强
   (1970—) (1974—) (1976—)
    │       │       │
四代 傅梦帆  徐一可  郑佳豪
   (1993—) (2003—) (2002—)
```

图7-1-1 土布纺织技艺传承人郑芬兰的家庭传承谱系

(二) 活态性与过程性保护

活态性是非遗的一个核心特征。非遗是当代仍旧活态存在,人类仍旧实践着的无形文化遗产。非遗作为文化事项和艺术表现形式,其形态包括表达方式、认知方式、技艺技能、实践活动,都是活态存在的。

与此同时,非遗的活态特性决定了对其保护需采用一种过程性策略,将其置于其所在的自然、人文现实世界中,从人类实践的视角去深入理解、实施保护。我们要保护和珍视非遗的活态实践,尊重其自然的传承发展过程。

(三) 演进中的原真性

原真性的本义是真实的而非虚假的,原本的而非复制的,忠实的而非虚伪的,神圣的而非亵渎的,与权威性及其起源也紧密相关。原真性在物质文化遗产保护中是不容置疑的。阮仪三认为,原真性就是衡量文化遗产的表现形式和文化意义的内在统一程度。但原真性这一概念并不完全适用于非遗保护。

非遗保护应是一种演进中的原真性,以维系非遗的存续力、生命力为核心目的。2015年,联合国教科文组织通过的非遗保护伦理原则中强调,要尊重非遗的传承主体——人,因而要尊重传承人自主自发的传承与创新行为。

(四) 文化空间

"文化空间"一词在不同领域都有使用,而在非物质文化遗产保护范畴中,文化空间是一个"时空概念"而非"空间概念"。文化空间是一个汇集了民间传统文化活动的地点,或是相对周期性的文化活动举行的时间。因而,文化空间旨在保护特定时间和空间内按传统方式进行的文化活动本身的存在。

人类学课堂游戏:

"我是谁?"

我出生在哪里?

我母亲出生在哪里?

我外婆出生在哪里?

我外公出生在哪里?

我父亲出生在哪里?

我祖母出生在哪里?

我祖父出生在哪里?

我从小学会的第一种语言是什么?

我从小在家用的其他语言是什么?

该游戏可帮助我们整理个体文化经验的开端,感受文化认同的形成过程,感知同一屋檐下的文化多样性。

第二节　非遗的不同门类

一、非物质文化遗产的分类方法

（一）国际分类

联合国教科文组织于2003年颁布的《保护非物质文化遗产公约》中，将非物质文化遗产划分成五大类型：

1. 口头传统和表现形式，包括作为非物质文化遗产媒介的语言
2. 表演艺术
3. 社会实践、礼仪、节庆活动
4. 有关自然界和宇宙的知识和实践
5. 传统手工艺

（二）国内分类

我国非物质文化遗产项目保护名录使用"十分法"，将非物质文化遗产分为：民间文学、传统音乐、传统舞蹈、传统戏剧、曲艺、传统体育、游艺与杂技、传统美术、传统技艺、传统医药和民俗。

二、非遗门类举例

下面按照"五分法"举例介绍非遗项目，便于理解这些门类。

（一）口头传统类：《玛纳斯》

《格萨尔》《江格尔》《玛纳斯》是中国三大民族史诗，其中《格萨尔》和

《玛纳斯》于2009年入选人类非遗代表作项目。

《玛纳斯》是柯尔克孜族的民族史诗(见图7-2-1),是玛纳斯及其后世共八代英雄的谱系式传奇叙事,文字记录长达23.6万行,通常以边唱边说为演述方式,并且代代相传,传唱千年。除了英雄故事,《玛纳斯》中融入了许多与当地生产及生活相关的知识,包括道德标准、秩序规则等,反映了柯尔克孜人丰富的传统生活,是其口头传承的"百科全书"。

图7-2-1 新疆传统艺术表演《玛纳斯》史诗①

(二)表演艺术类:飘色

飘色表演(见图7-2-2)是一种通过杠杆原理,将人或道具叠加组合进行巡游的民间艺术形态。飘色的"飘"指的是通过特定装置把人固定在高处展现凌空之美,而"色"不仅指华丽的服饰、妆面和道具,还特指精心巧妙的伪装——人物飘在空中但从表面看不出装置的支点。飘色不仅存在于我国广东、福建、香港等南方地区,在北方地区也有类似的民间表演艺术,比如山西、河南有"抬阁",还有的地方称其为"铁枝"。

---

① 图片来源:https://www.ihchina.cn/news_1_details/10936.html。

图 7-2-2　吴川飘色①

（三）节庆活动类：比利时班什狂欢节、诺鲁孜节

比利时班什狂欢节是欧洲最古老的狂欢节，作为与法国尼斯、意大利威尼斯、德国科隆狂欢节齐名的欧洲四大狂欢节之一，在 2004 年入选人类非遗代表作。班什狂欢节主角吉勒（The Gilles，见图 7-2-3）据说是印加人的后代。传说在 1549 年，一位名叫玛利亚的印加人为了迎接来自匈牙利的哥哥查尔斯金特和侄子菲利普二世，组织族人穿着印加风格的贵族礼服行走在当地的大街上，居民们看到这群人身着颜色鲜艳又富有异国情调的服装，自发跟随加入，由此产生了班什狂欢节。

这一节日的寓意有迎接春天，驱除寒冬，也有祈福好运的意思。如今，班什狂欢节仍然完好地保留着传统形式，许多吉勒头戴面具、身穿礼服参加巡游，手里拿着抵御严寒的手杖。吉勒们的服饰由当地专门的工坊制作，少部分是家中祖传的。服饰由黄麻衬衫和裤子组成，饰有黑黄色和红色的毛毡图案，腰部饰羊毛皮带，身上挂有铃铛，穿上后前后还要塞满稻草。吉勒们戴着蜡布面具、绿色眼镜和小山羊胡。其中，蜡布面具在 1985 年就获得了专利，仅限在班什佩戴。

---

① 图片来源：https://www.zjlib.com/contents/77/2143.html。

图 7-2-3 班什狂欢节中的吉勒①

在当地,不是谁都能扮成吉勒参加巡游,仅限于比利时男性,且出生在班什,或必须在班什居住了五年以上的居民,并获得两位担任吉勒五年以上的人推荐。吉勒还会戴一顶巨大的鸵鸟羽毛帽,高达 90 厘米,重 3 公斤,它能让吉勒更显高大、神圣(见图 7-2-4)。在狂欢节中,人们还会投掷象征着吉祥的橘子,接到橘子的人据说会好运连连。

图 7-2-4 头戴鸵鸟羽毛帽子的吉勒②

---

①② 图片来源:https://beentobelgium.com/binche-carnival/。

此外,班什狂欢节海报大赛自 2014 年开始举办,这一年也是班什狂欢节入选人类非物质文化遗产代表作名录的十周年(见图 7-2-5)。大赛欢迎游客将在狂欢节拍摄的照片制作成海报以作纪念。这一活动不仅增加了狂欢节这一文化空间的互动性,同时是一种跨文化交流的方式,可展示游客以及当地人不同视角下的班什狂欢节。

诺鲁孜节(见图 7-2-6)意为"春丽日",在每年公历 3 月 21 日举行,也有迎接春天的寓意。这一节日距今至少有 3 000 年的历史,除中国外,塔吉克斯坦等 15 个国家也会共度诺鲁孜节。

图 7-2-5 班什狂欢节海报大赛作品之一①

图 7-2-6 诺鲁孜节庆祝场景②

---

① 图片来源:http://www.xinhuanet.com//world/2016-02/06/c_128707609.htm。
② 图片来源:https://mp.weixin.qq.com/s/WjyKw_HScR61AzSGzzdZ5g。

诺鲁孜节是团结共享的节日,男女老少身着盛装,载歌载舞,诺鲁孜粥(见图7-2-7)等是诺鲁孜节必备的美食。

图7-2-7 诺鲁孜粥①

(四)有关自然界和宇宙的知识和实践类:二十四节气

二十四节气(见图7-2-8)是中国历法中表示季节变迁的24个特定节令,由中国古人根据地球在黄道上的位置变化制定。黄道,也就是地球绕太阳公转的轨道。根据地球在黄道上每运动15°到达的位置将全年分为12个中气和12个节气,一一相间。二十四节气是中国历法的独特创造,几千年来推动着中国农业生产,与百姓生活息息相关。节气这一名称最早出现在殷商时期,而二十四节气到西汉便已完备了。随着中国历法的外传,二十四节气也流传到了世界各地。

大众存在着一个错误认知,认为二十四节气对应的是中国的阴历。实际上,阴历以月亮的轨迹来确定日期,一年被划分为朔望月,最传统的阴历一年有六个三十天的大月,六个二十九天的小月。但如此一来,一年

---

① 图片来源:https://mp.weixin.qq.com/s/WjyKw_HScR61AzSGzzdZ5g。

图 7-2-8 二十四节气宣传画①

共有 354 天,比 365 又 1/4 天少了 11 又 1/4 天,因此每三年设立一个闰年,填补缺少的天数,所以实际上如今的农历是一个阴阳合历。而二十四节气是根据太阳确定,与朔望月无关,并且节气固定在回归年的一定日期上。

(五) 传统手工艺类:益阳小郁竹艺、苏绣

"郁"是益阳方言,即折弯变形之意。郁竹就是竹子经火烤变软,将其弯折变形,冷却后固定成形的一种工艺,我们童年记忆里的竹椅、竹床即用该工艺制作(见图 7-2-9)。小郁竹艺以直径 5 公分以下的竹为骨架,以毛竹为辅料,通过火郁加工成各类竹器用具。小郁可以制作细致的家居用品、装饰品等,大郁则是用成根的毛竹做大件物品,甚至可用竹子建造房屋。益阳小郁竹艺在国家级非遗名录中属传统美术类,在省级非遗名录中为传统技艺类项目,可见其兼具艺术审美价值和实用价值。

---

① 图片来源:https://huaban.com/pins/3265457085。

图 7-2-9 益阳小郁竹艺①

苏绣(见图 7-2-10)是中国四大名绣之一,是苏州地区刺绣工艺的总称。2006 年,苏绣被列入第一批国家级非物质文化遗产名录。苏绣历史久远,始于三国时期,发展于隋唐,清朝是其全盛时期。苏州有"绣市"之称。苏绣具有图案秀丽、构思巧妙、绣工细致、针法活泼、色彩清雅的独特风格,绣技具有"平、齐、和、光、顺、匀"的特点。

图 7-2-10 苏绣《千里江山图》(姚建萍作品)②

---

① 图片来源:https://mp. weixin. qq. com/s/_ief-Ud9BEtU9XbobS-tWQ。
② 图片来源:https://www. sohu. com/a/425403649_100277156。

三、非遗与民俗的关系

如何理解民俗?"民"是一切有"俗"之民,我们每个人都属于"民"的范畴,都将受到所在社会文化群体在生活习惯、行为方式、认知标准等各方面潜移默化的影响,成为有"俗"之民;俗,就是人在社会生活中世代传承、相沿成习的生活模式,社会群体在语言、行为和心理上的集体习惯。[①]

如何理解民俗与非遗的关系?其一,广义的民俗要比非遗更宽泛。非物质文化遗产是历史上创造的、传统的;而民俗中包括当代形成的新民俗和一些封建时期的陋习,这些都不属于非遗。而狭义的民俗在我国是非遗"十分类"的类型之一,主要指传统节日、传统仪式、民族民间风俗习惯等。

第三节 非遗的保护措施

非物质文化遗产保护是一个系统性的工程,随着我国非遗保护的逐步深入,目前已开展了一系列保护措施,包括建立了四级代表性项目名录、认定了四级代表性传承人,还采取了立法性保护、整体性保护、生产性保护以及抢救性保护等举措。

一、建立代表性项目名录

我国已建立了四级非遗代表性项目名录,明确保护对象以便集中保护力量,对具有较高价值的非遗项目进行重点保护、优先保护,这是非遗

[①] 高丙中:《中国人的生活世界:民俗学的路径》,北京大学出版社2010年版,第11页。

保护中的基础性工作之一。国务院先后于 2006 年、2008 年、2011 年、2014 年、2021 年和 2024 年公布了五批国家级非物质文化遗产代表性项目名录，共计 1557 个项目（包含 3610 个子项）。

二、认定代表性传承人

我国还认定了四级非物质文化遗产代表性传承人名录。传承人是非遗保护的核心，对确保非物质文化遗产的活态传承发挥着不可替代的作用。我国于 2007 年、2008 年、2009 年、2012 年、2018 年先后命名了五批国家级非物质文化遗产代表性项目代表性传承人，共计 3068 人。

三、立法性保护

目前，我国文化领域主要有四部律法，分别是《中华人民共和国文物保护法》（1982 年 11 月 19 日生效，2015 年 4 月 24 日第四次修正）、《中华人民共和国非物质文化遗产法》（2011 年 6 月 1 日生效）、《中华人民共和国公共文化服务保障法》（2017 年 3 月 1 日生效）和《中华人民共和国公共图书馆法》（2018 年 1 月 1 日生效）。

其中《中华人民共和国非物质文化遗产法》和《中华人民共和国文物保护法》与文化资源保护利用最为相关。我国是少数制定专门法律保护非遗的国家，还经常开展非遗法执行情况检查，促进非遗保护有法可依、执法有力。

四、整体性保护

整体性保护是各国保护文化遗产的常规举措，我国又开创性地以建立文化生态保护区的方式来整体保护非遗及其自然人文环境。依据相关规定,非物质文化遗产代表性项目分布集中、特色鲜明、形式和内涵保持完整的特定区域,由当地文化主管部门制定专项保护规划,实行区域性的整体保护。除了国家级文化生态保护区,还有省一级的文化生态保护区。截至2023年8月,我国共设立国家级文化生态保护区16个,涉及14个省份(见表7-3-1)。

表7-3-1 国家级文化生态保护区名单

名称	主要文化特征	地区
闽南文化生态保护区	闽南文化	福建省(泉州市)、福建省(漳州市)、福建省(厦门市)
徽州文化生态保护区	徽州文化	安徽省(黄山市、绩溪县)、江西省(婺源县)
热贡文化生态保护区	热贡文化	青海省(黄南藏族自治州)
羌族文化生态保护区	羌族文化	四川省(阿坝藏族羌族自治州茂县、汶川县、理县、松潘县、黑水县,绵阳市北川羌族自治县、平武县);陕西省(宁强县、略阳县)
武陵山区(湘西)土家族苗族文化生态保护区	土家族苗族文化	湖南省(湘西土家族苗族自治州)
海洋渔文化(象山)生态保护区	海洋渔文化	浙江省(象山县)
齐鲁文化(潍坊)生态保护区	齐鲁文化	山东省(潍坊市)
客家文化(梅州)生态保护区	客家文化	广东省(梅州市)
晋中文化生态保护(实验)区	晋中文化	山西省([保护区]晋中市,[实验区]太原市小店区、晋源区、清徐县、阳曲县,吕梁市交城县、文水县、汾阳市、孝义市)
迪庆民族文化生态保护区	迪庆民族文化	云南省(迪庆藏族自治州)
大理文化生态保护区	大理文化	云南省(大理白族自治州)
陕北文化生态保护(实验)区	陕北文化	陕西省([保护区]榆林市、[实验区]延安市)
铜鼓文化(河池)生态保护区	铜鼓文化	广西壮族自治区(河池市)
黔东南民族文化生态保护区	苗族侗族文化	贵州省(黔东南苗族侗族自治州)
客家文化(赣南)生态保护区	客家文化	江西省(赣州市)
格萨尔文化(果洛)生态保护区	格萨尔文化	青海省(果洛藏族自治州)

【案例】
徽州文化生态保护区与歙砚制作技艺

徽州文化生态保护区是首个跨省区的文化生态保护区,范围包括安徽省黄山市、绩溪县和江西省婺源县,对区域内非物质文化遗产进行整体性保护。跨省建立文化生态保护区,实际上是基于所辖地区隶属相同文化圈的原因。

以歙砚制作技艺为例。歙砚(见图7-3-1)为中国四大名砚之一,其主要制作地和成名地均在古徽州的歙县,故称歙砚;而江西省婺源县原属徽州,所产亦称歙砚。歙砚的原料龙尾石又主要产自今婺源县溪头乡的龙尾山。可见,对这一区域的文化生态实施整体性保护有利于维系歙砚制作技艺的传承。

图7-3-1 展出于故宫博物院的两方歙砚珍品

歙砚制作技艺由选石、构思、定型、图案设计、雕刻、打磨、配制砚盒等多道工序构成,按石材纹理又分为螺纹、眉纹、金星、金晕、鱼子五大类一百多个品种。砚材纹理细密,兼具坚、润之质,有涩不留笔、滑不拒墨的特点,被誉为"石冠群山""砚国名珠"。

五、生产性保护

生产性保护是非物质文化遗产保护的主要方式之一,主要应用于传统美术和传统技艺类非遗的保护,有利于增加项目实践频次、壮大传承队伍、激发创新创造力。2023年3月,我国认定了99家企业和单位为2023—2025年国家级非遗生产性保护示范基地。此外,我国在脱贫攻坚阶段还设立过非遗扶贫就业工坊,依托非遗代表性项目,带动当地就地、就近就业。近年来,结合乡村振兴战略又设立了大量非遗工坊,这些都是生产性保护的实践方式。例如,非遗工坊的认定主要在于:一是依托本地区一项或多项非遗代表性项目,或者富有特色、具备一定群众基础和市场前景的传统手工艺开展生产;二是具备能够开展生产的场地、水电暖、工具设备等条件;三是以脱贫人口、监测帮扶对象为重点,吸纳带动脱贫人口就业数量较多、成效较好。① 可见,非遗生产性保护是非遗与国家经济社会发展相衔接的有效方式。

【案例】
宁航蜡染工坊

贵州省黔东南苗族侗族自治州丹寨县拥有八项国家级非物质文化遗产,苗族蜡染技艺就是其中之一。蜡染,又称蜡缬,苗族人民使用蜂蜡做防染剂,从蓝靛中提取汁液作染料,并使用自织的白色土布,"绘花于布,染之,去蜡则见花"(见图7-3-2)。蜡染工具主要有铜刀、大针、骨针、瓷碗、染缸、炭炉、稻草等,制作工序主要有点蜡、画蜡、浸染、去蜡等步骤。

贵州丹寨宁航蜡染有限公司是一家非遗工坊,设立于2019年,工坊采用"公司+基地+农户"的生产经营模式,先后带动丹寨县城及周边苗族妇

---

① 文化和旅游部非物质文化遗产司:《文化和旅游部办公厅人力资源社会保障部办公厅国家乡村振兴局综合司关于持续推动非遗工坊建设助力乡村振兴的通知》,参见 https://zwgk.mct.gov.cn/zfxxgkml/fwzwhyc/202112/t20211214_929828.html。

图 7-3-2　蜡染花娘画制图案①

女 200 余人就业,将传统技艺转变为"指尖经济",在乡村振兴中发挥带动作用。

六、抢救性保护

我国在非遗保护之初即确立了"抢救第一"的原则,开展全国非遗资源普查、非物质文化遗产记录工程等对非物质文化遗产实施情况摸底、抢救性记录等措施。其中,非物质文化遗产记录工程多年开展对传承人的抢救性记录,优先为高龄国家级传承人录制口述历史,对其传承的工艺技艺、从艺经历进行了全面的拍摄记录。

第四节　非遗的转化利用

非物质文化遗产在当代是活态存在的,是主张保护与利用并重、传承

---

① 图片来源:https://mp.weixin.qq.com/s/wevKZ3cC4-WA8MUC2j53kQ。

与发展互促的一类文化资源。其转化利用的方式不断丰富，成为公众关注、社会参与的当代文化实践范例。如何认识非遗等传统文化的传承与发展。影片《百鸟朝凤》（见图7-4-1）中提出了这样的疑问："我们为什么要放弃我们的传统文化？"

图7-4-1 《百鸟朝凤》海报①

因而，首先要正确理解传统文化的当代价值，寻求实现当代价值的路径与方法。《百鸟朝凤》推广曲《喊歌》的创作团队成员苏阳认为："让任何艺术活下去的原因是生活方式的支撑、艺术本身的生命力和一代代的学习理解传承基因特质，还有更替变化的表达能力。"这很好地说明了传统文化在当代谋求传承发展的路径问题，也是非遗转化利用的核心。我们在守正创新，传承文化基因的同时，要认识到传统文化资源也需要适应不同时代的生活方式和审美需求，让文化艺术的生命力长存。下面介绍几个近年来的典型案例。

---

① 图片来源：https://movie.douban.com/subject/10831445/all_photos。

【案例】
传统戏剧的新型剧场：越剧《新龙门客栈》

作为浙江等地区的代表性传统戏剧剧种，越剧以"全女班"的"女子越剧"形成了独特的表演风格，代表剧目有《红楼梦》(见图7-4-2)、《梁山伯与祝英台》等。历史上越剧善于博采众长、为我所用，一方面吸收话剧、电影的表演方法，真实、细致地刻画人物的性格和心理活动，另一方面又学习昆曲、京剧优美的舞蹈身段和表演程式，使外部动作更细致、更具节奏感。这两方面有机结合，形成了近现代越剧表演写意与写实相结合的独特艺术风格。

图7-4-2 越剧《红楼梦》剧照①

舞台美术也是越剧极具特色的一个有机组成部分。从20世纪30年代初起，越剧就开始采用带有中国画特色的立体布景、五彩灯光，油彩化装以及服装样式结合剧情进行设计，在继承传统的基础上借鉴古代仕女画，款式清新自然，色彩柔和淡雅，对传统戏剧服化道进行了创新

---

① 图片来源：https://www.sohu.com/picture/249561389。

发展。

到了当代,越剧没有停止传承创新的脚步。2023年3月,位于杭州西湖边的蝴蝶剧场发布了一个演艺"新空间"——"新龙门客栈剧场",它为越剧《新龙门客栈》量身打造,该剧目将长期在此驻演(见图7-4-3)。越剧国家级非遗传承人茅威涛担任出品人、艺术总监。这是越剧首次尝试"环境式戏剧"和"武侠题材"。该剧在演剧模式上打破了传统镜框式舞台的表演逻辑和叙述风格,但在最大限度上保留和尊重与越剧艺术本体特征紧密相关的唱腔等传统形式。

图7-4-3 越剧《新龙门客栈》在表演服饰、场景、灯光设计上的创新[1]

由于空间的改变,拉近了观众与舞台的距离,观众化身为龙门客栈的住客、食客,与演员展开互动,成为故事剧情的一部分,与剧中角色一起体验刀光剑影的风雨江湖(见图7-4-4)。

新龙门客栈剧场的外围布置有极具大漠风光的沙漠咖啡馆(见图7-4-5)。观众可以拿到与剧情有着微妙关系的"特制菜单"。每个剧中人物还会在沙漠咖啡馆举办自己的主题周,增加场外的互动。

---

[1] 图片来源:https://mp.weixin.qq.com/s/9WXtJNeW1mpw0GVPKBeElA。

第七章 | 非物质文化遗产

图7-4-4 新龙门客栈剧场演出场地,打破了传统观演关系①

图7-4-5 新龙门客栈剧场的沙漠咖啡厅②

---

①② 图片来源:https://mp.weixin.qq.com/s/9WXtJNeW1mpw0GVPKBeElA。

【案例】
传统技艺的旅游节会:潍坊风筝节

潍坊位于山东半岛中部,春天风多雨少,且风向单一、瞬时波动小、风力基本呈正态分布。正是这样特殊的地理环境孕育了制作、放飞潍坊风筝的传统。风筝制作技艺(潍坊风筝)于2006年列入第一批国家级非遗名录(见图7-4-6、7-4-7)。

图7-4-6 传统软翅风筝——凤蝶[①]　　图7-4-7 传统硬翅风筝——钟馗[②]

自1984年起,潍坊已举办40届国际风筝会,形成了"风筝牵线、文体搭台、经贸唱戏"的模式。从吃穿用度到出行工具,潍坊皆能巧妙"放飞"于蓝天之上。近年来,潍坊风筝节从文化活动升级为热门文化旅游节庆品牌,如举办风筝音乐嘉年华专场音乐会等以文化促进地方经济发展(见图7-4-8、7-4-9)。

潍坊风筝节上,形状各异的风筝随风翩翩起舞,特别是"网红"巨型风筝(见图7-4-10)引起了全网关注,风筝从传统技艺发展为当代人想象力、创造力的载体,被更多人所接受、认同与共享。

[①][②] 图片来源:https://travel.sohu.com/a/567248501_121124729。

第七章 | 非物质文化遗产

图 7-4-8　文体搭台：风筝电音节①

图 7-4-9　经贸唱戏：风筝会电商直播大会②

---

① 图片来源：http://wfrb.wfnews.com.cn/content/20201001/Articel05003TB.htm。
② 图片来源：https://mp.weixin.qq.com/s/_rHvt9b0ElJxbk0hivkklg。

文化资源导论

图 7-4-10　潍坊风筝节上的"网红"巨型风筝①

思考题：

我在×××游戏里看到了×××（非遗项目名称）

思考提示：

1. 通过中国非遗网查询非遗项目准确名称，了解项目内涵；
2. 简述这项非遗是从哪个维度，如美术、玩法等植入这一游戏产品。

---

① 图片来源：https://www.163.com/dy/article/I2S2CF4F0514BH81.html。

第八章 世界遗产及文献遗产

- 第一节 世界遗产
- 第二节 文献遗产

第八章 | 世界遗产及文献遗产

除前述文化遗产类传统文化资源外,我们还拥有诸多其他类型的宝贵遗产资源,包括自然遗产在内的世界遗产,文献遗产以及逐渐归入近现代文化资源范畴的工业遗产、数字遗产等。

第一节 世界遗产

1972年,联合国教科文组织通过《保护世界文化和自然遗产公约》,形成了世界遗产的保护体系,目前主要分为四类:世界文化遗产、世界文化景观遗产、世界文化与自然双重遗产以及世界自然遗产。实际上,世界遗产不仅仅包括文化遗产,也包括自然遗产类别。自然遗产主要指具有科学或美学价值的地质、物质、生物结构、濒危动植物栖息地及自然资源保护区等,不属于文化资源范畴。

在世界遗产保护体系中,较难理解的是文化景观遗产。文化景观遗产是自然和人类的共同作品,比如人类设计和建造的园林、公园景观。世界文化景观遗产是有突出意义或普遍价值的人类和自然的共同作品,是人类在有意识的状态下设计和建造的景观。另有一类文化景观遗产是指过去人类生活的遗存,比如化石遗址,过去人类社会的遗迹以及人类社会演进的一些佐证性景观。此外还有一类关联性文化景观,以文化物证为特征,是与自然宗教、艺术等相关联的文化景观。而世界自然和文化双重遗产是兼具自然和文化价值的遗产类型,例如中国入选名录的泰山、黄山。

我国于1985年加入《保护世界文化和自然遗产公约》,成为缔约国之一。1987年,第一批入选世界遗产的有6项,分别是周口店北京人遗址、长城、北京故宫、敦煌莫高窟、秦始皇陵和泰山。截至2023年,我国共有57项世界遗产,其中文化及文化景观遗产39项,自然遗产14项,自然和文化双重遗产4项。2023年入选的"普洱景迈山古茶林文化景观"成为全球首个茶主题世界文化遗产。

我们可以借助下面两个案例,加深对世界遗产的认识。

【案例】
世界自然遗产——可可西里

可可西里位于青藏高原东北端,海拔4 500米,全年平均气温低于零度。该地区的地理环境和气候条件孕育了独特的生物多样性。超过三分之一的植物物种和所有的食草哺乳动物都是高原特有物种。该遗产地稳固地守护了藏羚羊这一高原特有的濒危大型哺乳动物种群的完整迁徙路线(见图8-1-1至8-1-3)。

图8-1-1 黄昏的布喀达坂峰①

---

① 图片来源:https://whc.unesco.org/en/list/1540/gallery/。

第八章 | 世界遗产及文献遗产

图 8-1-2 雅江点地梅①

图 8-1-3 碎米蕨叶马先蒿②

可可西里划定为世界自然遗产的区域,位于玉树藏族自治州治多县可可西里地区及索加乡、曲麻莱县曲麻河乡行政区划内。保护范围还设置了缓冲区,缓冲区是指在功能上对可可西里自然遗产地保护有重要影

---

①② 图片来源:https://whc.unesco.org/en/list/1540/gallery/。

响的外围相邻区域。

实际上,列入世界自然遗产更多意味着人们对其保护工作的决心与承诺,比如世界自然保护联盟技术评估报告对保护工作明确提出要求:

1. 不在遗产地范围内为根除小型哺乳动物鼠、兔采用毒杀行动;

2. 不强制安置或迁移遗产地缓冲区的传统牧民;

3. 不在任何时候许可或提倡遗产地内会威胁到动物迁徙路线的围栏活动等。

自然遗产地的保护更多的是要在居民生计和生态保护之间寻求平衡。我国于 2016 年就出台并正式实施了《青海省可可西里自然遗产地保护条例》。其中保护条款有:编制可可西里自然遗产地规划应当突出生态文明理念和普遍价值;保护地质遗迹、生态演化过程、自然风景美学价值、生物多样性;充分发挥科研、教育、展示功能;合理开展生态科普旅游;构建自然遗产地科学保护和合理利用机制等。在管理条例方面,包括可可西里自然遗产地管理机构应当组织当地居民参与自然遗产地的保护和管理工作,引导、培养当地居民采用有益于自然遗产地保护的生产生活方式;可可西里自然遗产地及其缓冲区的餐饮、住宿、纪念品销售、民俗展示、文体娱乐等项目,由自然遗产地管理机构按照规划,通过公平竞争的方式,依法选择经营者等。此外还设置了处罚条款,比如开山、采石、取土、采矿等破坏自然景观、植被和地形地貌的,责令恢复原状,并处以十万元以上三十万元以下罚款;情节严重的,处以三十万元以上六十万元以下罚款等。

扫描二维码,查看世界自然遗产可可西里案例:

【案例】
世界文化遗产——鼓浪屿

鼓浪屿是厦门九龙江口的一个面积不到两平方公里的小岛。随着1843年厦门港正式开放为商埠，1903年成为国际定居点，这个岛屿成为中国南海岸线中外交流的重要窗口。鼓浪屿是中外文化交融的一个典型案例，传统闽南风格与西方古典复兴风格以及东南亚风格相混合，构成其独特的建筑风情与人居环境肌理（见图8-1-4至8-1-8）。

图8-1-4 鼓浪屿[1]

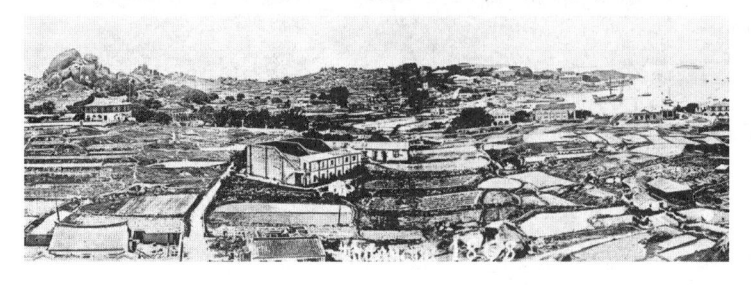

图8-1-5 鼓浪屿（1868年）[2]

---

[1] 图片来源：https://www.163.com/dy/article/G00V0VCD0544A2EB.html。
[2] 图片来源：https://whc.unesco.org/en/list/1541/gallery/&index=37&maxrows=12。

图 8-1-6 鼓浪屿(1890年)①

图 8-1-7 鼓浪屿(1900年)②

图 8-1-8 鼓浪屿(1930年)③

---

①②③ 图片来源:https://whc.unesco.org/en/list/1541/gallery/&index=37&maxrows=12。

鼓浪屿以其突出普遍价值的文物古迹及景观入选世界遗产名录。"鼓浪屿"展示出中国传统文化、地方文化与外来文化在社会生活、建筑园林设计及建造、艺术风格、现代技术等方面广泛而深入的交流,是中国迈入近代化历程的缩影,更是闽南移民文化开拓性和包容性的见证,还是近代东亚和东南亚地区具有高品质和早期现代性特征的国际社区独特范例。

19世纪中叶到20世纪中叶的百年间,鼓浪屿是东亚及东南亚地区独具特色的中外交流窗口。闽南传统风格、西方古典复兴式、现代主义风格、装饰艺术风格等建筑风格汇聚于此,在这片多元文化交流的土壤上,一种独具匠心的建筑艺术"厦门装饰风格"应运而生,并影响辐射到沿海其他区域。其完整的岛屿环境,自然有机的道路网络,各具特色的街区肌理,多样的建筑风格及园林景观设计等物质遗存,是中国传统文化、地方文化与外来多元文化交流、互鉴、融合的集中体现。此外,鼓浪屿经由多元文化群体共同营建和参与管理,融合了中西文化中现代人居环境的多样理念(见图8-1-9至8-1-12)。

图8-1-9　鼓浪屿[①]

[①] 图片来源:https://whc.unesco.org/en/list/1541/gallery/&index=37&maxrows=12。

图 8-1-10 鼓浪屿种德宫①

图 8-1-11 鼓浪屿保生大帝(大道公)踩街民俗活动②

---

①② 图片来源：https://whc.unesco.org/en/list/1541/gallery/&index=37&maxrows=12。

图 8-1-12　鼓浪屿建筑细部①

　　鼓浪屿世界文化遗产的保护范围包括两部分：一是遗产区，二是缓冲区。遗产区包括鼓浪屿全岛陆地范围及岛屿周边礁石所界定的海域范围，面积为 316.2 公顷；缓冲区是对遗产区产生直接影响的周边区域，面积为 886 公顷。

　　鼓浪屿成为世界遗产后面临着平衡本地居民与外来游客需求，确保对遗产要素实施有效监管，以实现科学保护与合理利用。在这一过程中，如何避免过度商业化，实现可持续旅游是世界遗产普遍面临的难题。

　　扫描二维码，查看世界文化遗产鼓浪屿案例：

---

① 图片来源：https://whc.unesco.org/en/list/1541/gallery/&index=37&maxrows=12。

第二节 文献遗产

一、文献遗产的保护背景

文献遗产又被称为记忆遗产。在我国文物分类体系中,文献手稿及图书资料被作为可移动文物的其中一类;它们又同时单列为文献遗产,和非物质文化遗产一样,同属于世界遗产的扩展类型。在公众认知中,世界遗产名录与人类非遗代表作名录相对更为有名,然而世界记忆遗产名录同样占据着举足轻重的地位,它所对应的就是文献遗产。

1992年,在联合国教科文组织和国际档案理事会的共同努力下,"世界记忆工程"(见图8-2-1)开始实施,以建立《世界记忆名录》为目标,作为世界遗产的组成部分,是世界遗产工程的一个延续。

图 8-2-1 世界记忆工程标志

世界记忆遗产是全人类以文献形式保存和收集的记忆,记载了人类社会的重大变革、人类的重大发现和重大成果,是历史赋予全世界的、当代人和后代的共同文化资源。

二、文献遗产的保护

(一) 文献遗产的定义

文献遗产主要包括三类,分别是手稿、文献以及口述历史记录。手稿是指人类以书写的方式记录形成的文本;文献是指图书馆、档案馆等机构所保存的不同材质和载体的文本;口述历史记录则可能是音频、视频或者整理形成的文字记录。

文献遗产保护旨在对世界范围内正在逐渐老化、损毁、消失的人类记录进行抢救和保护,从而使人类的记忆更加完整。

(二) 文献的保护措施

文献由信息内容、信息符号与信息所依附的载体构成,是信息内容与物质载体的结合。一方面,要将纸质文献及视听资料进行备份,避免因为载体损坏而造成内容的缺失;另一方面,要对文献载体进行维护,通过控制环境的温度、湿度等抑制文献载体变质毁坏的速率,并涉及修复等工作。既要用数字化等方式备份文献遗产的内容,又要尽力保存文献载体,延长其寿命。这里介绍三种载体保护及延长寿命的方法。

第一,寻求更加耐用且持久的文献载体。人类一直在寻找以文字方式记录记忆的载体,这种载体的要求是多方面的,包括成本低、耐久性高;当代,我们还要兼顾载体的存储容量及其复制和传播的便捷程度。如我国明清时期宫廷书籍用纸——开化纸就是较好的文献载体,防蛀且具有不易吸水变潮的特性,历经数百年都不会变质,在当代古籍修复时也经常使用这种纸张。

第二,探索更佳的保存环境。文献最常见的载体纸张属于有机物范畴,有机物对温度、湿度等要求高,因而要为文献营造一个适宜的保存环境。据说,美国和埃及科学家在开罗附近的金字塔开展钻探工程,寻找5000年前的空气——密封在墓穴内的空气。通过分析气体的成分、气压、温度、湿度,供博物馆参考用来保存有机物。

第三,拯救已劣变的文献载体。如果文献载体已经发生了不同程度的变质、裂变等情况,我们就需要设法修复。古籍修复有具体的步骤:首先要准备相应的材料;其次,在整个修复的过程中,要根据载体情况进行补书页、脱书皮、晾干、压实等工作;最后的复原阶段要用传统的方式将文献拆开、装订,或加衬,或添加保护液,以此延长古籍文献的寿命(见图8-2-2)。

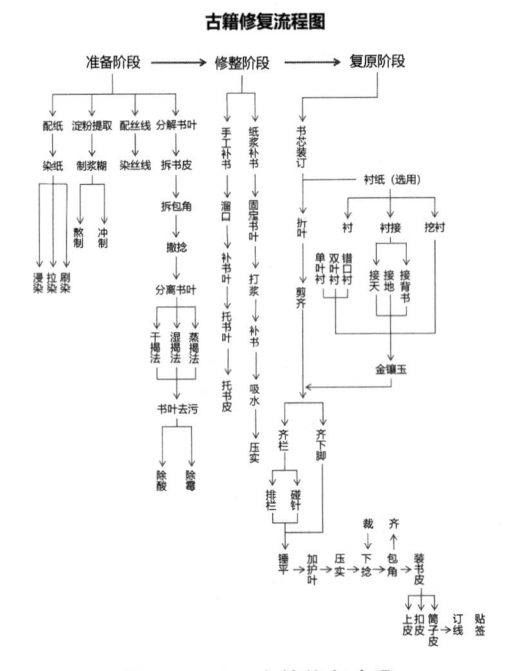

图8-2-2 古籍修复步骤

(三) 中国入选《世界记忆名录》的文献遗产

截至2023年,中国入选《世界记忆名录》的文献遗产有15项。本章选取具有代表性的三项进行介绍:

中国传统音乐录音档案（Traditional Music Sound Archives）于1997年入选《世界记忆名录》，现藏于中国艺术研究院音乐研究所。它收录了我国不同民族的4万张留声机唱片、7000多小时传统音乐录音带，其中包括20世纪50年代初录于钢丝录音带的民间艺人盲人阿炳的传世名曲《二泉映月》。

清代内阁秘本档案于1999年入选《世界记忆名录》，现藏于中国第一历史档案馆。其中有关17世纪中叶西方传教士在华活动的满文档案（Records of the Qing's Grand Secretariat—Infiltration of Western Culture in China）共24件，内容涉及"汤若望案"（历史上称"历法之争"）等。

纳西族东巴古籍（Ancient Naxi Dongba Literature Manuscripts）于2003年入选《世界记忆名录》。用1400多个东巴单字写成的《东巴经》，由自制的土纸装订而成，现藏于东巴文化研究所等地。

【案例】
活着的象形文字——东巴文字

东巴文（见图8-2-3）是居于我国云南北部及西藏东部的纳西族曾使用的文字。作为一种原始的图画象形文字，文字形态比甲骨文更原始，

图8-2-3　东巴文字①

---

① 图片来源：https://mp.weixin.qq.com/s/eA8UjQUgLGCu_4_EXCWMwQ。

属于文字起源的早期形态。

东巴在纳西语中意为智者，特指东巴教祭司，集巫、医、艺匠于一身，是纳西族文化的主要传承人。纳西族东巴古籍里的内容是祭司在宗教仪式中所唱或诵的内容，有些是神话传说，比如天地万物的起源；有些是纳西族生产生活的方式、与自然和谐相处的理念；有些是记录仪式的规程、画谱和舞谱；还有些是纳西族的民间法、医药以及占卜方法。

东巴古籍用纳西族东巴自制的土纸做成，纸张坚韧厚实，一般长 28 厘米、宽 9 厘米，风格形式独特，且用自制的墨及竹笔写成，以线装订成册，呈页状装订。如今仍可看到东巴古籍，但只有少数的东巴祭司能够识读，精通东巴文的老东巴更只有个位数了。

此外，在《世界记忆名录》中还有其他一些我国的珍贵文献遗产，例如清代科举大金榜、清代"样式雷"建筑图档等（见表 8-2-1）。

表 8-2-1 中国入选《世界记忆名录》的部分文献遗产目录

国家	文献遗产	年份
中国	Golden Lists of the Qing Dynasty Imperial Examination 清代科举大金榜	2005 年
中国	Qing Dynasty Yangshi Lei Archives 清代"样式雷"建筑图档	2007 年
中国	Ben Cao Gang Mu 《本草纲目》	2011 年
中国	Huang Di Nei Jing 《黄帝内经》	2011 年
中国	Official Records of Tibet from the Yuan Dynasty China 1304—1367 年元代西藏官方档案	2013 年
中国	Qiaopi and Yinxin Correspondence and Remittance Documents from Overseas Chinese 侨批档案	2013 年
中国	Documents of Nanjing Massacre 南京大屠杀档案	2015 年

【案例】
古书守望者江澄波老人

除古籍文献外,一些具有较高价值的图书也是不可移动文物。古书的收藏在我国民间具有悠久的历史。苏州有一间于清代光绪年间创办的古书店"文学山房",店主江澄波老人已是第三代传人(见图8-2-4)。

图8-2-4 古书守望者江澄波老人①

章太炎、叶圣陶、钱穆等名家都曾光顾过文学山房。古书行业主要有两方面业务,一是修复古书,二是鉴定古书。江老曾抢救修复了不少古书,也练就了鉴定古书的基本功。

因江老年事已高,江老的女儿劝说他不要继续从事这项工作了,但江老怀揣着对古书的热爱,仍然坚持开着书店,他说:"七十几年了都是搞这个古书,做到不能做了就结束,到生命最后一天……"

扫描二维码,查看古书守望者江澄波老人案例:

---

① 图片来源:https://tuchong.com/367350/13019594/#image24592883。

第九章　工业遗产与数字遗产

- 第一节　工业遗产
- 第二节　数字遗产

第九章 工业遗产与数字遗产

第一节 工业遗产

一、工业遗产保护的背景

工业遗产的产生时间主要为近现代,随着去工业化进程的推进,与重工业和制造业相关的基础设施和实体设备被大量遗弃,服务型经济快速发展。国际上自1970年左右开始进行工业遗产保护,国内主要是进入21世纪后才开始对工业遗产进行保护与再利用。

工业遗产是人类生产活动发展阶段的重要信息记录,对其进行保护的同时也要探索进行再利用的模式,兼顾保护和利用两方面需求。可将工业遗产开发为工业旅游目的地,在保护的基础上合理开发其怀旧、教育和科学等功能,为公众提供特别的旅游体验和收获。联合国教科文组织从20世纪90年代开始将"工业遗产"列入"世界遗产保护名录"。

二、工业遗产的概念

依据工业遗产保护的相关国际宪章,工业遗产是"具有历史、技术、社会、建筑或科学价值的工业文化遗存。这些遗存包括房屋和机器,作坊和车间,选矿和冶炼的矿场和矿区,货栈和仓库,能源生产、传输和利用场所,交通及其基础设施,以及与工业相关的居住、宗教祈祷、教育等社会活动场所"[1]。工业遗产产生的历史时期主要是18世纪工业革命之后,与此同时,其范围也应追溯到早期工业的遗存。

我国颁布的《国家工业遗产管理办法》将国家工业遗产界定为在中国

---

[1]《下塔吉尔宪章》,参见 https://www.zgbk.com/ecph/words?SiteID=1&ID=634283。

工业长期发展进程中形成的，具有较高的历史价值、科技价值、社会价值和艺术价值，经工业和信息化部门认定的工业遗存，包括物质遗存以及非物质遗存。其中，物质遗存包括厂房、车间、作坊、矿区等生产储运设施，与工业相关的管理和科研场所，其他生活服务设施及构筑物，和机器设备、生产工具、办公用具、产品、档案等；非物质遗存包括生产工艺、规章制度、企业文化、工业精神等。①

近年来，在工业遗产保护中出现了不少更新的理念。例如"工业景观"的提出，一些国家开始实施更为广泛的工业景观调查及保护计划；工业遗产不仅由生产场所构成，而且包括工人的住宅、使用的交通系统及其社会生活遗址等；这些因素都具有重要价值，应将其置于整体景观的框架中。

三、工业遗产与旅游

一般而言，工业遗产在当代的社会价值和文化价值远远大于其经济价值，因而如何发挥工业遗产的社会文化价值是工业遗产保护利用的关键。工业遗产的产权关系一般比较明晰，便于整理保护与开发，并实现可持续利用。旅游让工业遗产重新进入本地公众和外来游客的视野，通过观察工业遗产所承载的历史信息及社会文化佐证物，感受工业文明时代的历史及特定地区独特的记忆。工业遗产地转化为旅游目的地，还可为当地获得经济效益、宣传推广、身份确认、城市复兴等正向效果。

工业遗产发展旅游，不仅可以赋予遗产新的生命与活力，获得的经济收益亦能保护，也可向本地及外来者展示地区历史、推广地区文化、增加

---

① 工业和信息化部：《国家工业遗产管理办法》，参见 https://www.gov.cn/zhengce/zhengceku/2023-03/15/content_5746847.htm。

身份认同。尤其对于工业城市而言,以原先的标志性产业及城市精神作为谋求发展的新起点,可实现凝聚精神、团结复兴的作用。

具体而言,一是将工业遗产地予以保护和更新,开辟适于当代可持续经营的空间;二是重建社区精神,延续工业文明时代的精神,在传承良好传统的同时增加新的精神内容,构成新的社区精神;三是进行伞式修复,在改善遗产地的各项基础设施的同时,开发与其兼容而又适合旅游休闲的新业态、新景观,为遗产地注入新活力。

【案例】
中国台湾地区工业遗产地——九份

20世纪中叶,中国台湾新北市瑞芳地区的九份曾是一个繁华地段,因盛产金矿而兴盛,聚居区依山坡而建,街道、铁轨交错。随着矿藏挖掘殆尽后逐渐没落。九份被认为是工业遗产改造比较成功的案例,利用其金矿遗址建立了黄金博物馆,还将周边的历史文化资源激活,借助文创折射出产业变迁、展现生活美学,形成了以金矿业、老街、铁路为特色的旧址文化旅游目的地,并巧妙地融入了如本土电影《悲情城市》与日本动画《千与千寻》等当代文艺作品的元素,极大地丰富了地区的文化和旅游内涵。原金矿遗址保护开发后建成了黄金博物馆,如图9-1-1、9-1-2中日据时期的矿洞、设备及工人宿舍等都成为观光展示的内容。九份更新后,街道繁华,商业兴盛,铁路也能够使用。

有学者认为,九份的文创不需主动谋求,唾手可得。工业遗产的人文历史给予九份一种特殊气质,而这种气质又成为当代艺术创作的来源和基调。创意生活产业涉及衣、食、住、行及教育、娱乐等方方面面,直接影响本地民众与外来旅游者的生活质量与消费体验,其中隐藏着巨大的附加价值。比如,知音文创为九份设计了系列文创产品,将老街风貌、金瓜石金矿旧址历史文化元素融入设计,制作成为各类旅游纪念品供游客选购。

图 9-1-1　本山五坑　　　　图 9-1-2　黄金博物馆中展示
　　　　　　　　　　　　　　　　　　的黄金民俗文物

思考题：

请列举一个工业遗产发展旅游的成功案例，简述其主要特色，最好是本人实地走访过的，或查询资料后配图说明。

第二节　数字遗产

在全球信息化与数字化的浪潮之下，产生了大量以数字形态存在的文化及其他领域的内容资源，这些资源具备保存历史、承载文化、记录自然与人文科学进步等功能，保护利用这类遗产的紧迫性近年来受到广泛关注。

一、数字遗产的概念

联合国教科文组织《保护数字遗产宪章》中将数字遗产定义为"文化、教育、科学和行政资源，以及以数字方式创建或从现有模拟转换为数字形式的技术、医学和其他类型的信息资源",包括"文本、数据库、静态和动态图像、音频、图形、软件和网页"。①这一定义强调数字遗产的"遗产"属性,与实时创建、转换的数据资源区分度较小,本书为与文化资源范畴相衔接,将更为聚焦于文化相关数字遗产,比如文化遗产的数字化形态。

回顾数字技术应用于遗产保护的历史,其发展时间并不长。1993年,在蒙特卡洛举办的创新、想象力会议(Imagina Conference)上,消失了几个世纪的克吕尼修道院(Cluny Abbey)通过数字重建并实时导览。1995年,第一次"虚拟遗产会议'95"(Virtual Heritage '95)上,展示了虚拟庞贝古城(Pompeii)、拉斯科洞穴(Lascaux Caves)等项目。此后,数字技术在文化遗产保护领域的应用不断拓展,在建筑类、遗址类遗产之外,还应用于博物馆馆藏文物及非物质文化遗产等领域。

二、数字遗产的特点

数字遗产的内容和形式是相互作用的。其一,数字遗产的内容是在数字环境中生成、存储和呈现的,受到数字技术的制约和影响。其二,数字遗产的内容易于复制、修改甚至销毁,需要通过技术手段防止其版权损失、内容篡改及丢失。其三,数字技术在数字遗产中作用巨大,表现为数字遗产呈现的形式及风格,这也使其对受众产生的影响不尽相同。当前数字遗产常见的呈现技术手段为数字文本、图像、数据库以及虚拟形象等。沉浸式数字技术,如 CAVES、Cubes、360°全景剧院等,可提供更为深入的沉浸式互动体验。

---

① 联合国教科文组织:《保存数字遗产宪章》,参见 https://www.unesco.org/en/legal-affairs/charter-preservation-digital-heritage。

三、数字遗产保护面临的问题

数字遗产的保护与有形遗产的保护不同,其存在如下问题:其一,早期数字遗产项目的技术标准不一,数据形态各异,往往形成了一个个的"信息独岛",重复建设、互不协同共享等情况较为普遍;其二,数字遗产项目的初衷在动态变化,由早期倾向于忠实保存,逐步发展为兼顾用户体验,呈现形式和风格就会不同;其三,早期生成的数字遗产因技术的更替而面临各类保存与读取问题,归档和存储并不是一劳永逸。

而当前数字遗产保护的压力又是巨大的。快速更迭的网络应用及技术条件使得具有保存价值的数字资源的消失速度比物质遗产要快,大量数字内容还未来得及保存,已随着平台、技术的更替而消失。

四、数字遗产的价值

数字时代,人们受数字文化传播的影响,对世界各地的文化遗产等文化资源的兴趣越来越大。可以说,数字遗产提供了进入更多相对偏远的或封闭的文化遗产的入口,为人们了解各地文化提供了丰富的信息源。因而,数字遗产项目提高了人们对全球人类文化的认识,鼓励了不受时空限制的虚拟旅游,而不是一味停留于聚集性的实地旅游,并提供了一种记录、保存、演绎和教育的方法,从而促进了广泛的跨文化交流。

对数字遗产的保护和利用,是一个相对年轻而又发展迅速的领域。然而,还有很多核心问题有待解决。一是如何增加遗产数据的共享性和可访问性,二是如何推动数字遗产在技术层面的标准化和可持续性。随着技术的快速发展以及人类生活的线上迁移,我们更需要保护好已有和不断产生的数字遗产。

第十章 | 文化版权资源

- 第一节　现代文化资源
- 第二节　文化版权
- 第三节　文化版权资源分类
- 第四节　文化版权资源保护和经营
- 第五节　品牌授权

第一节　现代文化资源

现代文化资源是在近现代人类社会实践过程中创造并已经广泛传播和利用的文化资源。现代文化资源有以下几个特征：一是具有潮流属性但经历一定时间后并未衰退，而是形成了某种范式或趋势；二是其价值已经处于被认定、可衍生的状态，但仍旧存在可能失去现有价值而不再是文化资源的风险。现代文化资源的价值与人们对其价值的认同程度息息相关，一旦失去认同，其价值也会降低甚至消失。下面以时尚文化典型案例——"老佛爷"的时装设计为例，来理解现代文化资源的特征。

【案例】

当代时尚文化——"老佛爷"的时装设计

Met Gala(Costume Institute Gala)，又称Met Ball，是纽约大都会艺术博物馆服装学院每年举办的筹款晚会，被认为是世界上最负盛名的时尚盛事之一。每年的Met Gala都有一个主题，2023年Met Gala慈善晚宴的主题是"向卡尔·拉格斐致敬"。卡尔·拉格斐(见图10-1-1)被叫作"老佛爷"，于2019年去世，终年85岁。他对当代时尚文化的影响极大，因而Met Gala才将对其致敬定为年度主题，并推出"Karl Lagerfeld：A Line of Beauty"特展(见图10-1-2)，展示其时装创作的理念及代表作品，通过展览梳理其对时尚界的持久影响。

图10-1-1　卡尔·拉格斐①

---

① 图片来源：https://vogue.globo.com/lifestyle/noticia/2015/10/karl-lagerfeld-ganha-exposicao-em-paris.html。

图 10-1-2 "Karl Lagerfeld: A Line of Beauty"主题展

当代时尚文化体现在对形式美的追求上。展览灵感源自17世纪英国艺术家威廉·荷加斯提出的"美的线条"。这一概念旨在展示卡尔对形式美的探索。展览从"美的线条"这一概念出发，以两条线——蛇形线与直线并行的二元形式为基准对卡尔的设计美学进行分析和探讨，而蛇形线和直线又象征着古典与现代两种风格，两者相辅相成，共同支撑卡尔设计中的创造力与想象力（见图 10-1-3）。

图 10-1-3 展览中卡尔设计的服装作品

文化艺术的发展是一个螺旋结构,复古与现代、传承与创新、经典与时尚始终处于交替演进、兼容并蓄的状态。需要补充说明的是,时尚文化形成的某种范式或趋势不同于一般性的潮流,就像洋流与海浪,"潮流"的起伏快、清晰可见、掷地有声,而"趋势"隐藏在深处不易逆转,它推动着潮流翻涌,一波未平,一波又起。

一头白发,一副墨镜,一件黑西装搭配白衬衫、黑领带外加精致的胸针配饰,极具个人特色的装扮使卡尔本人的穿搭成为他深入人心的专属符号(见图10-1-4)。可以说,当代消费主义孕育了"老佛爷"这样的超级符号,具有了利用与转化的巨大经济价值,在现代产品设计中成为增值的要素被广泛开发应用,并创造出巨大的溢价空间(见图10-1-5、10-1-6)。

图 10-1-4　卡尔日常穿搭

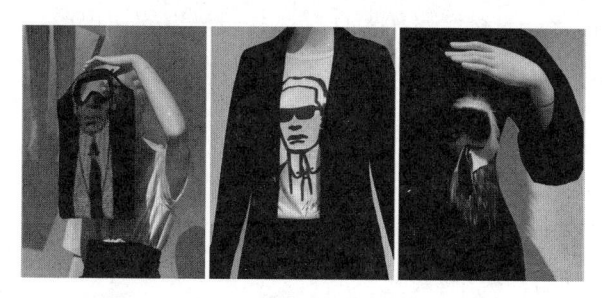

图 10-1-5　印有卡尔形象的现代产品

图 10-1-6 "老佛爷"衍生文创产品

这些授权衍生文创产品的巨大溢价空间就来源于"老佛爷"的品牌价值与 IP 价值。

扫描二维码，查看当代时尚文化"老佛爷"的时装设计案例：

第二节　文化版权

文化版权资源是现代文化资源的典型代表，属于纯精神文化资源。版权（copyright）即著作权，是指文学、艺术、科学作品的作者对其作品享有的权利，其可分为两部分——财产权和人身权。我们热衷的知识产权这一概念，则是人们因创造智力成果所享有的权利，在版权之外还包括专利、商标等。

一、版权

（一）版权的构成条件

版权是一项复合型的财产权利，其诞生即标志着一项复合型财产权利的确立。版权又包含人身权利和财产权利,人身权利即发表权、署名权、修改权、保护作品完整权等。而与涉及文化版权资源利用更为相关的是财产权利,如复制权、发行权、出租权、展览权、表演权、放映权、广播权、信息网络传播权、摄制权、改编权、翻译权、汇编权等。

当前人工智能生成内容的版权问题是公众关注的热点问题。生成内容是否可认定为作品,是否可授予其版权,对人类创作者的影响是什么,值得研究。

(二)版权是一项复合性的财产权利

在我国知识产权保护体系中,人身权利不可转让,例如保护作品完整权也就是原作者拥有保护作品绝对不受歪曲篡改的权利。而财产权利中的改编权是什么意思,与保护作品完整权又有什么区别呢?改编权是授权某个体或集体改编某作品,创作出具有明显独创性的新作品的权利,着重强调改编后作品必须有"独创性"。此外,还有一项与改编权较为类似及常被提及的概念是汇编权,其意是将音像作品、片段等进行重新组合编排后汇集到一个新的合集中。

在国际文化资源共享利用中出现的知识共享许可协议(creative commons license,简称"CC协议"),是知识共享组织发布的一系列许可协议。创作者可将其作品纳入该协议,签订一系列放弃权利的协议,增加作品的可及性。

二、专利

简而言之,专利是受法律保护的发明创造。专利一般是由政府相关部门或者代表若干国家的区域性组织根据申请而颁发的一种文件。文件记载了发明创造的内容,并且在一定时期内可产生某种法律效力,他人需经专利权人许可才能使用。

从专利发明者或著作权创作者的角度出发,其精神创造成果使用需要得到知识产权的保护;但从社会公众的角度出发,社会进步、个人创新可能会因为知识产权的过度保护或不当保护而受阻,因而知识产权保护力度的把控是一个动态过程。一般而言,发明专利具有保护期,超过20年或10年保护期,该发明就"贡献"给了社会。专利主要包括三类:发明专利、实用新型专利以及外观设计专利。

(一) 发明专利

发明专利包括产品发明以及方法发明,其中产品发明更为常见。方法发明如工艺流程、制作方法等。其主要强调的是创造性,强调"技术方案的突破性升级"。

(二) 实用新型专利

实用新型专利则针对产品而不针对过程或方法,且注重实用性,侧重强调有实用价值的技术方案。例如一个产品的形状、构造的实用方案就是实用新型专利。

(三) 外观设计专利

外观设计专利主要针对工业品的外观设计,外观设计专利与文化艺术关联度最高,因为其中包含艺术设计。

三、商标

商标本质上是产品或服务品质的象征,是区分产品和服务时的显著特征;商标还是产品或服务进入市场,获得用户信赖、进一步发展壮大的必要工具。商标是品牌的组成部分,而品牌的范围比商标更大,包括软性要素,比如产品或服务的质量及用户口碑、企业文化等。

第三节 文化版权资源分类

一、文化版权资源的分类

按照文化成果的形态,文化版权资源可分为文学作品、音乐表演作品、美术作品、设计作品、影视作品以及与文化相关的软件应用、专利技术等。

文学作品是人们接触较多的一类文化版权资源,包括文学类图书、网络文学、口头文学等。

音乐表演作品主要包括音乐、戏剧、舞蹈等各类表演作品。

美术作品包括绘画、书法、雕塑、工艺美术等各类视觉艺术作品。

设计作品区别于美术作品,与文化艺术相关的设计包括平面设计、环境艺术设计、装置艺术设计等。

影视作品包括电影、电视剧、纪录片以及移动互联网时代的微视频等影像类作品。

与文化相关的软件应用、专利技术包括文化艺术、数字文化应用类软件程序、文物修复等专利技术等。

二、文化版权资源的特征

(一)版权的资产关联性

版权具有资产关联性,涉及财产权利层面的授权、转让等。文化版权存续与否,取决于其所关联资产的所有权,以及法律上所规定的这种关联关系产生所有权的存续期限。版权有一定生命期限，期限内，文化版权相关资产或者财产权利才会存在。

(二) 版权的可分割性

文化版权资源的第二个特征为可分割性。但其人身权利不可转让、分割。财产权利可被分割并转让和分配。

(三) 版权的可复制性

文化版权资源具有可复制性。文化资源本身具有可再生性、衍生性、可持续性，与文化版权的可复制性一脉相承。版权可以复制和授权，版权拥有者可通过授权许可他人非独占性地使用某版权作品。

(四) 版权的可转让性

版权的可转让性主要指其财产权利可有偿或无偿地移交给他人所有。

第四节　文化版权资源保护和经营

一、文化版权资源的保护

文化版权得到法律保护，下面从版权登记、保护期限、版权利用等三个方面介绍：

其一是版权登记与公开。版权需要登记吗？实际上版权自作品创作完成之日起即自动产生，而版权登记可作为有力的证明文件。

其二是保护期限。我国法律规定作品享有独占权的年限为50年，但署名权等精神权利期限无限制。在这一点上，个人创作与集体创作有所不同。个人创作的作品,其保护期限是从创作开始到作者去世后50年;而集体创作的作品,其保护期限自创作时开始计算,50年之后失效,作品即进入公共领域变成共享的知识和文化。

其三是版权利用。版权的利用分为合理使用、法定使用、强制使用等不同情况。以个人学习为目的使用,新闻报道,档案史料的保存,慈善以及司法等都是合理使用的范畴;法定使用指根据法律规定可不经著作权人许可以特定方式使用他人作品,但应向其支付报酬并尊重版权人其他权利;强制使用则指在特殊情况下申请批准"非独占性许可证",即不是独占但许可使用。

文化版权可能受到价值损害,包括侵权、竞争和资产损毁等。其一是侵权,即不经许可使用版权资源,侵害版权所有人权利,构成盗版侵权行为。其二是竞争,此类情况较难判定,例如可以通过科技查新手段评定某技术或软件等的新颖性和相似性,避免同质。其三是资产损毁,分为有形和无形两种情形。有形资产损毁如物质载体的灭失,而无形资产损毁如传承中失传等情况。

文化版权资源有其生命周期。法律规定,文化版权具有一定的保护周期,超出则不再需要得到相关著作权人的许可和授权,就可对该资源进行利用。例如我国古代的文学名著及国外早期出版的名著,都超过了著作权保护周期,可供免费使用;而新创作的文学作品,尚处于享有财产权利的保护期内,需要取得授权。

【案例】
史上第一游戏版权大案:《俄罗斯方块》

在掌机、准智能手机时代,《俄罗斯方块》(见图10-4-1)几乎是所有电子娱乐设备的标配,但它的发明者阿列克谢·帕基特诺夫在很长一段时间内并没有获得版权收益。

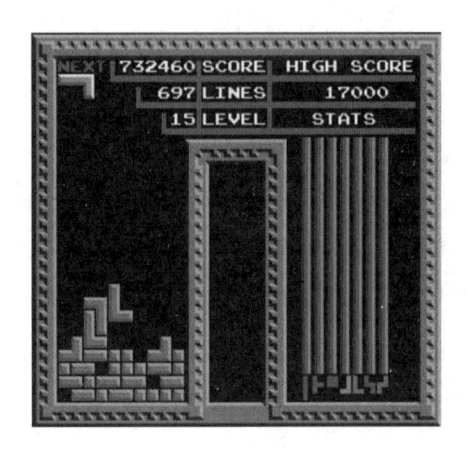

图 10-4-1 《俄罗斯方块》游戏①

　　帕基特诺夫是苏联的公务人员,其设计的《俄罗斯方块》(Tetris)却意外卷入版权纷争。英国人斯坦恩伪造了《俄罗斯方块》的授权合同,将游戏卖给了美国 Spectrum Holobyte(光谱全息)公司,该公司又将版权卖给了日本 BPS 游戏公司。后来,BPS 总裁亨克·罗杰斯与另一家日本游戏公司"任天堂"一起买了第一个正版《俄罗斯方块》的全平台授权协议,但此时帕基特诺夫并没有收益,因为版权当时是归属苏联当局的。一直到 20 世纪 90 年代,帕基特诺夫同罗杰斯结识后一起成立了 Tetris(俄罗斯方块)公司,负责管理全球《俄罗斯方块》游戏的授权事宜。从当年起,任何团体和个人制作发行商业性质的《俄罗斯方块》游戏,必须在这家公司购买版权。帕基特诺夫也终于开始获得版权收益了。

二、文化版权资源的经营方式

　　文化版权资源的经营方式主要包括文化版权的许可、转让、融资以及

---

① 图片来源:http://baijiahao.baidu.com/s?id=1650280104751028949。

文化版权的邻接权利。文化版权的许可是最常见的版权经营方式,而文化版权的转让即将财产权转让给他人享有,俗称"卖版权"。文化版权的融资是指版权可以通过抵押或者证券化来融通资金,在音乐、影视领域应用较多。文化版权在过去融资较为困难,但当前公认有潜力的IP已可作为抵押来融资贷款,还可把授权所得权利金衍生出债权用作融资担保,从而增强信用评价,还可发行可流通的债券,通过证券化来实现融资。

文化版权的邻接权利,如作品传播者权是指通过各类传播媒体形态将作品内容传播给公众,则其在传播作品过程中创造的智力劳动成果应依法享有民事权利。作品的传播者权与版权相关,属于文化版权的邻接权利。例如,藏族史诗格萨尔传承人演述了一段史诗,请某影视制作公司的摄像师把表演过程拍摄了下来,视频在某网站发布了。请问:这位传承人享有署名权吗?这位摄像师享有署名权吗?答案是两人都享有署名权,摄像是作为传播者,享有传播者权。

第五节 品牌授权

一、文化版权资源与品牌授权

文化版权与品牌授权有很大关联性。品牌是营销学的一个概念,而品牌授权通常与跨界密切相关,这种跨界体现为看似完全不相关的行业、领域之间的版权授权,其中就包括大量与文化艺术相关的版权跨界授权使用。例如,电影、动漫作品中某个角色授权给某食品、服装品牌等。以凡·高博物馆与运动品牌VANS的跨界授权合作(见图10-5-1)为例,该案例将凡·高的艺术作品融入该品牌产品的设计之中,在提升产品外观设计的同时,提升了品牌的文化内涵,也极大地推动了艺术的传播和转化利用。

图 10-5-1 凡·高博物馆×运动品牌 VANS①

我们可通过近年来品牌授权行业数据的变化,直观地感受文化资源的品牌授权利用之路。这些数据来自中国玩具和婴童用品协会(简称"中国玩协")发布的《2022 中国品牌授权行业发展白皮书》②(简称"白皮书")。根据数据显示,截至 2021 年 12 月,中国年度授权商品零售额为 1374 亿元,活跃开展品牌授权业务的企业总数为 632 家,同比增长 7.8%,已开展授权业务的 IP 为 2354 项,同比增长 7.9%(见图 10-5-2)。

2021 年,品牌授权市场的 IP 类型主要包括:娱乐类 IP(包括卡通动漫、影视综艺、电子游戏、肖像形象、网络文学、音像图书)占 57.5%,其中卡通动漫占比最高,达到 28.2%;其次是艺术文化(含博物馆)类 IP,占比为 18.5%;排名第三的是潮流时尚类 IP,占比为 11.0%。③

2021 年活跃在中国授权市场上的 IP 所属地主要涉及 9 个区域(见图

---

① 图片来源:https://mp.weixin.qq.com/s/Uv3Ff8Nu8U4reSHEYY63jA。
②③ 中国玩具和婴童用品协会:《2022 中国品牌授权行业发展白皮书》,参见 https://www.clii.com.cn/ReDianJuJiao/TouTiaoXinWin/202205/t20220518_3953916.html。

门类占比情况

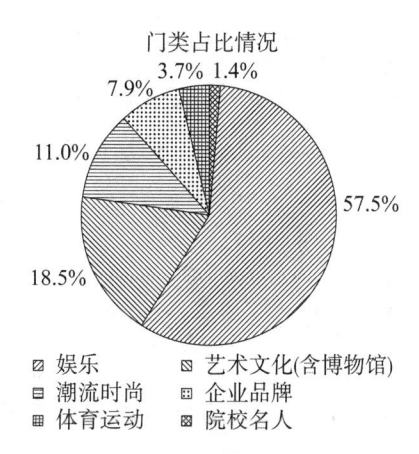

- 娱乐 57.5%
- 艺术文化(含博物馆) 18.5%
- 潮流时尚 11.0%
- 企业品牌 7.9%
- 体育运动 3.7%
- 院校名人 1.4%

图 10-5-2　2021 年品牌授权门类占比情况

10-5-3),主要为中国内地(33.1%)、美国(30.2%)、日本(9.9%)等。中国(含港澳台)IP 占比进一步扩大,达 37.0%。随着国内授权行业的发展,越来越多的国产 IP 诞生并开展授权业务。

国家及地区占比情况

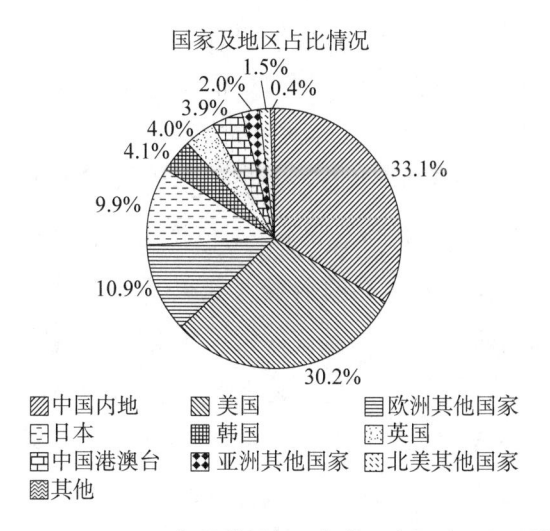

- 中国内地 33.1%
- 美国 30.2%
- 欧洲其他国家 10.9%
- 日本 9.9%
- 韩国 4.1%
- 英国 4.0%
- 中国港澳台 3.9%
- 亚洲其他国家 2.0%
- 北美其他国家 1.5%
- 其他 0.4%

图 10-5-3　2021 年品牌授权业务的国家及地区占比情况

青年(18—25岁)是品牌授权产品核心消费人群,对IP内容的接受和选择也相对更为广泛,是国潮、动漫、影综等IP的主要目标群体。而中青年(26—40岁)是老牌经典IP、文博艺术等IP品类的主要受众,消费占比高。

二、授权金收取方式

品牌授权金收取方式多样。授权金最主要的收取方式是"保底的授权金＋超出保底部分按销售额一定比例进行收取",文化资源密集型主体通常会要求采取这个方式。其次是资源互换,联合推广的方式。授权方和被授权方都拥有一定的资源或用户,都期望通过授权合作拓展消费人群。再次是无保底金,按销售额一定比例收取的方式。这种情况通常发生在授权方非频繁依赖授权合作获取利益,而被授权方展现出强劲潜力与能力时,授权方认可被授权方的实力,倾向按一定比例收取销售提成。最后还有年度一次性定额授权金收取的方式。被授权方每年度给授权方固定额度的授权金。以上授权方式的合作期限通常为两至三年。此外需要说明的是,许多企业都是以上多种方式兼用。

IP资源如何选定品牌授权的合作方?决定因素主要包括三个方面:一是被授权方与IP调性的契合度;二是被授权方在行业中的地位和规模;三是被授权方及授权产品的消费人群和IP目标人群的一致性。当前,品牌授权面临两大挑战:一是高效发掘并接触优质被授权商的渠道有限,二是部分被授权商在IP的创意运用与商业转化上能力不足。

那么,目前有哪些行业是资源方可以合作的被授权商?图10-5-4是我国2020年被授权商所属行业的占比情况。由图可见,玩具游艺占比第一,其次是服装饰品,再次是食品饮料,占比10%,如大白兔奶糖、三元牛奶等都是食品饮料行业品牌被授权的典型案例,此外还有礼品赠品类,与食品饮料类持平。举一个电子数码类案例,敦煌博物馆与联想公司联名,推出了联想智能投影仪 T500、联想 YOGA14s 定制 A 面与联想 YOGA 鼠标垫等(见图 10-5-5)。

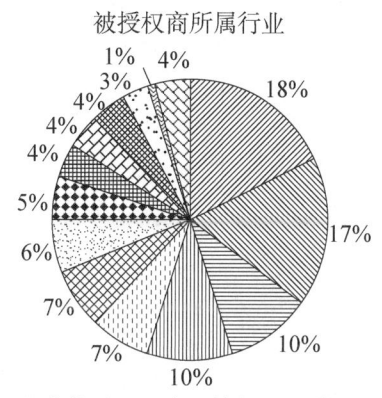

图 10-5-4 被授权商所属行业

图 10-5-5 敦煌博物馆×联想公司①

总之,消费者购买授权产品已成为一种消费习惯,同时品牌授权也是文化资源利用的新兴方向,具有良好前景。

---

① 图片来源:https://www.sohu.com/a/492262221_100058492。

第十一章 | 总结与思考

- 第一节　文化资源的学习意义
- 第二节　传统文化资源的价值
- 第三节　从文化资源到文化产业
- 第四节　文化资源创新利用的无穷可能性

第十一章　总结与思考

本书由文化资源的概论、类型论和价值论入手，以传统文化资源为主干，导读了可移动文物、不可移动文物、非物质文化遗产、文献遗产、工业遗产等文化资源类型，还纳入了承载文化资源的历史城市、历史街区、传统村落等人类聚落形态，介绍了世界遗产这一国际社会普遍关注的大遗产类型，还衔接了现代文化资源，尤其是文化版权资源等内容，为相关专业全面了解可资利用的文化资源提供概览。

本章将对文化资源学进行综合回顾与辩证思考。

第一节　文化资源的学习意义

学习文化资源不是学习理论，而是构建一个对文化资源价值的整体认知，对文化资源各种类型的全面认知，以及对文化资源保护利用理念与方法的务实认知。

学习文化资源是为了培养一种能动性，将文化资源作为一个学习对象，去了解它如何生成，如何积累，如何配置，如何实现价值创造、转化和增值。期望能把如此丰富而多元的文化资源放入每个当代人的口袋，让文化资源成为创新创造的材料包、工具包，尤其是让传统文化资源成为当代影视、文创、演艺、游戏、动漫等文化产品生产的要素资源，学以致用、活化利用。

第二节　传统文化资源的价值

美国社会学家爱德华·希尔斯（Edward Shils）在《论传统》[①]中写道：传统是围绕人类的不同活动领域而形成的代代相传的行事方式，是一种对社会行为具有规范作用和道德感召力的文化力量，也是人类在历史长河中的创造性想象的沉淀。传统文化蕴含群体独有的认知与行为模式，承载着凝聚人心、调和矛盾、协同创造的力量。本书期望帮助读者了解更多传统文化资源，从中获取更多来源于传统的智慧、精神、情感及灵感。

我们生活在一个社会群体给予文化身份的价值认同体系里，在成长过程中会从不同类型的群体中获得精神层面的支持与认同，例如家庭、家乡给予的情感联系等。与此同时，我们也要看到群体环境限制个性发挥的一面，不同时代都有人在尝试将其打破、革新、重塑甚至新建文化认同及社会习惯。因而，传承与创新缺一不可，传统的延续与更新都有其重要价值。

传统文化资源可满足人类对身份认同、乡愁寄托、家国情怀的精神需求。同时，当代人亦渴求现代文化资源贴近心灵，以满足精神疗愈、文化娱乐、社交表达等多重诉求。

第三节　从文化资源到文化产业

文化产业或者说内容产业，以文化内容生产与贸易为核心，而文化资源与创意的结合才能生产出文化内容。做菜需要有食材、调料等，当代文

---

① [美]爱德华·希尔斯：《论传统》，上海人民出版社2014年版。

化产品、艺术作品的创造也需要素材,而文化资源既可以成为"食材",也可以成为"调料",还可以成为"炊具"。

文化产业存在创意和商业之间的不可调和性,在文化资源内容创造过程中,创意逻辑和商业逻辑存在着一定矛盾,内容生产者的自主权需要被保护,而文化企业所处环境的不确定性和潜在困难也需要被关注。

文化产业具有高生产成本和低复制成本的特点。将文化资源通过利用、开发,产出当代产品时,挖掘与转化过程中的成本相当高昂,因而版权保护成为关键,甚至将这类产业直接叫作版权产业。与此同时,文化产品是准公共物品,消费行为不会减少他人消费的可能性。因而文化产业以精神内容为核心,是具有共享性的公共资源。

第四节 文化资源创新利用的无穷可能性

在本书的最后,编者想用几个案例让读者感受文化资源利用的潜力与可能性。

一、文化资源与旅游业的深度结合

【案例】
乌镇西栅景区

乌镇是典型的江南水乡(见图 11-4-1),西栅景区位于乌镇西大街,采取了整体性开发旅游的模式,一度引发热议:"乌镇是假的吗?"本书旨在通过梳理与分析,探讨其背后的深层次逻辑与意义。

图 11－4－1　乌镇宣传海报①

首先是如何理解修旧如旧。"修旧如旧"是建筑遗产、传统聚落保护中经常看到的词语,通常指在修复古建筑及其历史环境时,应尊重其原有风貌,不改变其原貌。而乌镇西栅整体风貌的修复,是一种"相对真实"场景的还原,拆除了大量不协调的建筑、电线杆等,还原了人们对古镇生活的想象。小镇改造既保留古建筑整体风貌,又完成了基础设施、内部设施的现代化改造,并对街区内店铺实施统一管理,使得游客在其中获得的是现代化的生活方式和有序的旅游消费体验。

其次是如何实现社区自治的理想。乌镇西栅在开发过程中买断了当地民居的产权之后,又吸纳这些居民成为公司的工作人员,参与旅游服务和管理。乌镇西栅用这一方式既盘活了民宅的使用价值,又以就业的方式激发当地居民的积极性。据统计,景区 80% 以上的工作人员为乌镇当地居民。

再次是如何把控景区的商业尺度。西栅景区采用的是"一店一品"的

---

① 图片来源:https://www.163.com/dy/article/GQQQ14JG0541BT1I.html。

模式,每家店铺仅可销售一种乌镇特色商品,且商铺承租人优先考虑当地居民。严格的商业管理,避免了景区过度商业化。

乌镇与江南周边古镇具有同质化的自然人文资源,以上三点即是其差异性的来源。此外,乌镇并没有拘泥于古镇文化这一种文化样态,目前乌镇还打造了乌镇戏剧节等当代文化艺术品牌,古镇成为当代文化、国际艺术展示的场景。

二、文化资源在乡村振兴中的作用

乡村文化资源丰富,有田园景观文化、民居建筑文化、农耕文化、民俗风情文化、家庭生活文化以及乡村艺术文化等(见图 11-4-2),具有自然性、生产性、纯真性以及脆弱性等特点。

```
                        乡村旅游文化资源
    ┌──────┬──────┬──────┬──────┬──────┬──────┬──────┐
   特点    类型   乡村旅游 农业旅游 休闲农业 观光农业 切入点           开发模式
   自然性  田园景观文化                        旅游与生产双重功能       VC模式
   生产性  居民建筑文化                        传统文化与现代文化双重结合 EC模式
   纯真性  农耕文化                            硬环境与软环境双重建设    SC模式
   脆弱性  民俗风情文化                        游客休闲与丰富当地居民文化生活双重目标
           家庭生活文化                        自然与人文双重保护
           乡村艺术文化
```

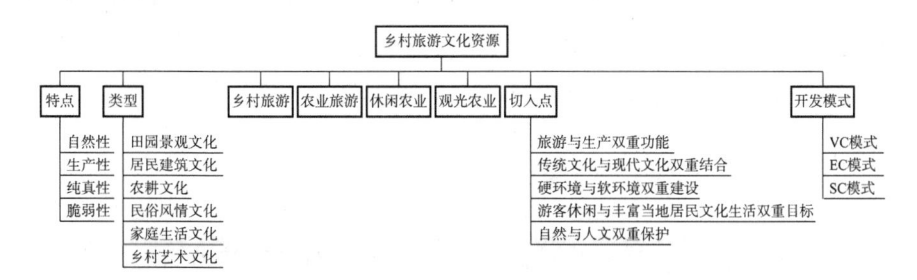

图 11-4-2　乡村文化资源图谱

近年来,乡村旅游成为带动乡村振兴的重要路径,乡村旅游、农业旅游、观光休闲农业等迅速发展。乡村旅游是以乡村自然风光为基础,以乡土文化为核心,吸引游客在乡村环境中从事各种休闲活动的一种旅游。农业旅游则是农业与旅游业相结合的新型交叉产业,是在充分利用农业资源的基础上,通过规划、设计、施工,将农业建设、科学管理、产品生产、艺术加工和游客动手实践融为一体,使游客能够领略在其他风景名胜地欣赏不到的大自然情趣和新型农业技艺。而观光休闲农业也是把农业和旅游业结合在一起，利用田园景观、农业生产经营活动和农村自然环境吸引游客前来观赏、品尝、习作、休闲、体验、健身、科考、书画、摄影、购物、度假的一种新型农业生产经营形式。

旅游与农业生产如何协同，文化资源如何在乡村振兴中发挥作用？需兼顾旅游与生产双重功能，统筹传统文化与现代文化两类资源，加强硬环境与软环境的双重建设，实现外来游客与当地居民双重目标，坚持自然与人文的双重保护。

有学者概括乡村文化资源开发旅游有三种模式，包括文化观光型、文化体验型以及文化综合型。文化观光型模式是指旅游者以观赏田园景观，观看民俗风情，参观手工艺品、农产品、农具展览等观赏性活动为主，因此乡村兴建了观光园、民俗风情公园、农产品展览馆、手工艺品展览馆、农具展览馆等。文化体验型模式是指游客亲自从事各种农事活动，或深入农村家庭体验当地生活文化，或亲自参加某种手工艺品制作等。文化综合型模式则是集文化观光与文化体验于一体，迎合不同类型旅游者的旅游需求。

三、文化资源植入网络虚拟空间：游戏"江南百景图"中的文化传统

近年来，文化资源与网络游戏、网络文学等新兴载体的结合案例越来越多，成为当代人尤其是年轻人了解历史文化的重要渠道。有一款游戏叫《江南百景图》，是以江南地区古风建筑为核心要素的城市模拟经营游戏，玩家化身文徵明带领各朝代的名人营建江南的各座历史城市（见图11-4-3至11-4-5）。游戏场景中还融入了大量非遗、民俗等文化元素。例如在游戏开篇，螺钿工艺成为游戏开场动画的美术风格。又如，传统"红白喜事"婚丧嫁娶礼仪在游戏中的呈现。

第十一章 | 总结与思考

图 11-4-3 《江南百景图》游戏开场中融入螺钿工艺①

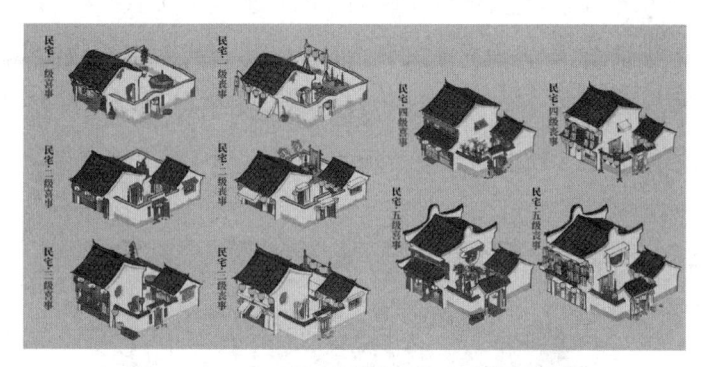

图 11-4-4 《江南百景图》红白喜事场景②

图 11-4-5 《江南百景图》×大报恩寺遗址景区线下联动③

---

① 图片来源：https://mp.weixin.qq.com/s/ccP2BcuLDJA1TSUjUuLnMA。
② 图片来源：https://mp.weixin.qq.com/s/O_gDKN4HXNo32skdymhkwQ。
③ 图片来源：https://mp.weixin.qq.com/s/cbi0obMVDfyRpUjhnjaPbA。

扫码观看《江南百景图》游戏中大报恩寺琉璃塔搭建视频：

游戏与南京大报恩寺联动，在游戏中呈现琉璃塔建造的过程，还将游戏玩家从线上引至线下，在大报恩寺举办线下活动，吸引众多玩家前往打卡。

"江南百景图"中也设置了文创商店（见图11-4-6），将游戏场景中的角色、道具设计为文创周边，如人物立牌、团扇、纸胶带、杯垫等，将游戏角色、场景借助文创产品延伸至线下，对游戏IP资源进行再开发。

图11-4-6 《江南百景图》游戏界面：文创商店

《江南百景图》借助游戏及衍生互动，使玩家在潜移默化中形成对在地文化、传统文化的认知与认同。在互联网时代，人们的线上生活趋于常态化，虚拟世界也逐渐成为文化资源利用、转化的主要载体。

扩展阅读

[1] Thomas F. King, *Cultural Resource Laws and Practice*, Rowman & Littlefield Publishers, 2008.

[2] 陈晨:《论人工智能生成内容的可版权性问题——以 ChatGPT 生成内容为例》,《科技与出版》2023 年第 6 期。

[3] 第十一届全国人民代表大会常务委员会第十九次会议:《中华人民共和国非物质文化遗产法》,2011 年 6 月 1 日。

[4] [法]埃利松:《翻译官手记》,应远马译,中西书局 2011 年版。

[5] [法]乔治·德·克鲁勒:《进军北京》,陈丽娟等译,中西书局 2013 年版。

[6] 樊锦诗:《敦煌石窟研究百年回顾与瞻望》,《敦煌研究》2000 年第 2 期。

[7] 费孝通:《乡土中国》,湖南人民出版社 2022 年版。

[8] 高丙中:《中国人的生活世界:民俗学的路径》,北京大学出版社 2010 年版。

[9] 工业和信息化部:《国家工业遗产管理办法》,2023 年 3 月 2 日。

[10] 国际古迹遗址理事会:《中国文物古迹保护准则》,2015 年 4 月。

[11] 国际古迹遗址委员会:《国际古迹遗址理事会国际文化旅游宪章》,1999 年 10 月。

[12] 国家文物局:《不可移动文物认定导则(试行)》(文物政发〔2018〕5 号),2018 年 6 月 27 日。

[13] 国家文物局:《文化建筑开放导则》(文物保发〔2019〕24 号),2019 年 12 月 24 日。

[14] 国务院办公厅:《关于推动文化文物单位文化创意产品开发的若干意见》(国办发〔2016〕36 号),2016 年 5 月 11 日。

[15] 国务院办公厅:《历史文化名城名镇名村保护条例》(中华人民共和国国务院令第 524 号),2008 年 4 月 22 日。

[16] 胡卫萍、刘靓夏、赵志刚:《博物馆文化资源开发的产权确认与授权思考》,《重庆大学学报(社会科学版)》2017 年第 4 期。

[17] 梁思成:《北京——都市计划的无比杰作》,载《梁思成文集(四)》,中国建筑工业

出版社 1986 年版。
[18] [美]爱德华·希尔斯:《论传统》,傅铿、吕乐译,上海人民出版社 2014 年版。
[19] 王迁:《再论人工智能生成的内容在著作权法中的定性》,《政法论坛》2023 年第 4 期。
[20] 文化和旅游部非物质文化遗产司:《文化和旅游部办公厅人力资源社会保障部办公厅国家乡村振兴局综合司关于持续推动非遗工坊建设助力乡村振兴的通知》(非遗办发〔2021〕221 号),2021 年 12 月 7 日。
[21] 文化和旅游部:《文物藏品定级标准》(中华人民共和国文化部令第 19 号颁布,2001 年 4 月 9 日实施),2001 年 4 月 9 日。
[22] 喻国明、杨颖兮:《参与、沉浸、反馈:盈余时代有效传播三要素——关于游戏范式作为未来传播主流范式的理论探讨》,《中国出版》2018 年第 8 期。

后 记

《文化资源导论》由中国传媒大学文化产业管理学院教授、非遗传播研究中心主任杨红担任主编。科研助理毕经纬在教材建设中承担了大量编辑工作，体现了良好的学科专业素养。

为了做好教材内容的升级，教材编写团队还专门开设了工作坊，由科研助理周宇杰担任工作坊助教，文化产业管理专业学生郑小龙女、常祎凡、李心雨、孙佳琪、励翊茹、汪东裕、戴一哲、陈莹莹、黄香铭、胡婷婷、应零欣、古丽胡马尔·阿不来提、茹益、易运红、吴志伟、吴彦瑾、王琳、陈萱、姚思扬及康瑞民等通过工作坊实践参与了本书的文字编辑、案例更新等工作，让这些课程的过往学习者在教材内容的升级过程中发挥作用，让教材更为贴合相关专业培养所需。

在此还要向"文化资源学"相关课程授课教师们致以最诚挚的问候，向课程学习者们表示由衷的感谢！

欢迎与我们交流沟通，共同提升这门重要的课程！

主编邮箱：yanghong@cuc.edu.cn。

图书在版编目(CIP)数据

文化资源导论 / 杨红主编 .-- 上海：上海社会科学院出版社，2024.-- ISBN 978-7-5520-4559-8

Ⅰ.G114

中国国家版本馆 CIP 数据核字第 202449SL58 号

文化资源导论

主　　编：杨　红
责任编辑：叶　子
封面设计：黄婧昉
出版发行：上海社会科学院出版社
　　　　　上海顺昌路 622 号　邮编 200025
　　　　　电话总机 021-63315947　销售热线 021-53063735
　　　　　https://cbs.sass.org.cn　E-mail：sassp@sassp.cn
照　　排：南京前锦排版服务有限公司
印　　刷：上海景条印刷有限公司
开　　本：710 毫米×1010 毫米　1/16
印　　张：15
字　　数：221 千
版　　次：2024 年 12 月第 1 版　2024 年 12 月第 1 次印刷

ISBN 978-7-5520-4559-8/G・1360　　　　定价：68.00 元

版权所有　翻印必究